The First Dalai Lama:
Training the Mind in the Great Way

위대한 길에서 마음 닦기

Snow Lion Publications
P.O. Box 6483
Ithaca, New York 14851
USA

Copyright © 1993 Glenn H. Mullin

Drawings of Atisha and the First Dalai Lama by Robert Beer

All rights reserved. No part of this book may be reproduced by any means without prior written permission from the publisher.

Printed in the USA

ISBN 0-937938-96-3

Library of Congress Cataloging-in-Publication Data

Dge-'dun-grub, Dalai Lama I, 1391-1474.
[Theg pa chenpo'Iblosbyońdam pa. English]
Training the mind in the great way / by Gyalwa Gendun Druppa, the First Dalai Lama (1391-1474); translated by Glenn H. Mullin.
p. cm.
Translation of :Theg pa chenpo'Iblosbyońgig dams pa.
Includes bibliographical references.
ISBN 0-937938-96-3
1. Spiritual life (Buddhism)-Early works to 1800. 2. Dge-lung-pa (Sect)-Doctrines-Early works to 1800. 3. Atiśa, 982-1054.
I. Mullin, Glenn H. II. Title.
BQ7935.D494T4813 1991
294.3'444-dc20   91-26353
                                             CIP

저작권법에 의하여 한국 내에서 보호를 받는 저작물이므로 무단 전재와 복제를 금합니다.

위대한 길에서 마음 닦기
ⓒ MAITRI BOOKS
Printed in Seoul, KOREA

발행일 | 2017년 6월 15일 · 2쇄 | 2017년 9월 1일
지은이 | 제1대 달라이 라마
역자 | 라마 글렌(Lama Glenn)
한글 번역 | 조원희
펴낸이 | 정 청월
펴낸 곳 | 미륵사(MAITRI BOOKS) · 주소 | 서울시 중구 신당동 404-1, 4층
등록번호 | 2015-000196
전화 | 010-8395-8881 · E-mail | chongwol@yahoo.com
책값 | 11,500원 · ISBN | 979-11-957211-7-7 03220

The First Dalai Lama:
Training the Mind in the Great Way

위대한 길에서 마음 닦기

라마 글렌 역자
조원희 한글번역

깨달음의 보물창고
MAITRI BOOKS
미륵사

■ 한국어 출판에 부쳐

  지금으로부터 25년 전인 1993년에 저는 1대 달라이 라마님이 쓰신 중요한 책인 떽첸 로종 기 담파(Tekchen Lojong gi Dampa), 즉 "위대한 길에서 마음 닦기(로 알려진 법맥)의 전수"의 제 번역과 연구를 출간했습니다. 제 친한 친구이자 다르마 제자인 조원희가 2012년에 이 책의 한국어 번역본을 냈습니다. 그 책은 다 팔려 두 번째 판을 내게 되었습니다. 첫 번째 번역에서 원희는 한자 고전 교육을 받은 사람들만이 이해할 수 있는 한자의 사용을 반대하여, 불교용어 중 일부를 현대 한국어에 맞게 수정했습니다. 그래서 재출간에 대한 말이 나왔을 때 자신의 번역을 수정하기를 바랬습니다. 이 책은 그런 수정의 결과물입니다.

  물론 과거와 미래의 모든 붓다들의 모든 가르침은 중생의 마음을 개선시키거나 닦게 하려는 목적과, 중생들에게 깨달음의 일반적인 방향을 제시하려는 단 하나의 목적만을 갖습니다. 그러나 여기에서 로종이라는 용어는 그런 일반적인 의미를 말하는 것이 아니라, 그보다는 11세기 중반 위대한 벵골인 불교 마스터 아티샤 디팜카라 쉬리즈나나(Atisha Dipamkara Shrijnana)가 티베트로 가져온 명상 법맥을 말합니다.

  아티샤는 티베트에 세 가지 "로종" 법맥을 전파했습니다. 이 세 법맥 모두는 티베트인들에게는 촉 니이(Chok Nyi), 즉 "최고의 두 분"으로 알려진 두 분의 가장 위대한 초기 인도 마스터의 법맥들을 결합했다는 사실로 인해 유명합니다. 이 두 분은 중관 학파의 창시자인 나가르주나(용수)와, 유식학파의 창시자인 아상가입니다. 이 세 로종 법맥 하나 하나는 이 두 위대한 마스터의 명상 가르침의 정수를 함께 가져다 줍니다.

아티샤는 자신의 세 가지 로종 법맥 중에서 둘을 자신의 인도 스승들로부터 받았습니다. 세 번째 법맥은 자신의 위대한 인도네시아 마스터로부터 받았습니다. 셀링파 다르마키르티(Serlingpa Dharmakirti)로 알려진 이 스승은 오랜 세월 인도의 위대한 여러 사찰에서 공부하고 나서 자신의 고국으로 돌아가 자신의 법맥을 전파했습니다. 그 당시 인도네시아는 아시아에서 가장 위대한 불교도국 중에 하나였습니다. 1대 달라이 라마의 주석서인 이 책은 셀링파 법맥을 담고 있습니다. 티베트어로는 로종 돈 둔마(Lojong Don dunma), 즉 "7요점 로종"으로 알려져 있습니다. 그러나 이전 딜고 켄쩨(Dilgo Khyentse) 린포체께서 이와 똑같은 전통에 대한 자신의 주석서에서 지적하신 대로, 사실 7요점 로종은 아티샤의 로종 가르침의 세 법맥 모두의 주요 요점을 다 함께 담고 있습니다.

아티샤는 자신의 법맥을 티베트에서 널리 가르쳤고, 이 법맥은 곧 티베트 불교의 모든 학파와 분파에 주요한 초석이 되었습니다. 현 달라이 라마님 자신도 이를 열두 번 이상 가르치셨습니다. 다양한 티베트 전통의 마스터들은 이 법맥에 대한 자기 자신의 주석서들을 썼고, 티베트에는 이런 주석서들이 수백 권 존재합니다.

이 책이 한국어로 다시 출간되는 걸 보게 되니 매우 기쁩니다.

법열과 붓다의 미소와 함께,
라마 글렌

■ 차 례

달라이 라마 서문 _ 10

역자 서문
  Ⅰ. 아티샤와 정신적 유산 로종_18
  Ⅱ. 로종 수행의 특징 _ 25
  Ⅲ. 티베트 배경지식 _ 28
  Ⅳ. 1대 달라이 라마 _ 33
  Ⅴ. 원문 번역에 대한 노트 _ 39
  Ⅵ. 끝맺는 말 _ 41

머리말
  Ⅰ. 존경스런 법맥의 근원_ 44   Ⅱ. 전통의 위대함_ 46   Ⅲ. 실제 가르침_ 48

1. 예비 단계들

1.1 구루요가 명상 _ 49

1.2 자신을 실제 가르침을 받을 만한 그릇으로 만들기 _ 58
  1.2.1 인간 삶의 소중함 _ 58
    1.2.1.1 자유와 타고난 행운들의 성격 _ 58
    1.2.1.2 이들의 놀라운 가치 _ 61
    1.2.1.3 이들의 희귀성 _ 62
    1.2.1.4 왜 이들의 정수를 얻어야 하는가? _ 62
  1.2.2 죽음과 무상에 대한 명상 _ 65
    1.2.2.1 죽음의 필연성 _ 65
    1.2.2.2 사망 시점의 불확실성 _ 67
    1.2.2.3 사망 시에 영적 재산만이 우리에게 가치가 있음_69
  1.2.3 원인과 결과의 카르마 법칙 _ 70
    1.2.3.1 인과 법칙의 성격 _ 70
      1.2.3.1.1 지옥의 고통 숙고하기 _ 73
      1.2.3.1.2 동물세계의 고통 숙고하기 _ 79
      1.2.3.1.3 유령세계의 고통에 대해 숙고하기 _ 80
    1.2.3.2 영적 귀의처 찾기 _ 82
      1.2.3.2.1 귀의에 대한 심리적 기반 _ 83
      1.2.3.2.2 귀의 대상들 _ 83

1.2.3.2.3 귀의 내용 _ 84
1.2.3.2.4 귀의한 이들을 위한 조언 _ 90
1.2.3.3 불선업의 마음 정화하기 _ 104
1.2.3.3.1 참회의 힘 _ 104
1.2.3.3.2 치료제의 적용 _ 105
1.2.3.3.3 다짐 _ 106
1.2.3.3.4 의존의 힘 _ 106
1.2.4 윤회하는 삶의 불만족스런 본질에 대한 숙고 _ 108
1.2.4.1 인간 세계의 고통에 대해 숙고하기 _ 108
1.2.4.2 아수라 세계의 고통에 대해 숙고하기 _ 109
1.2.4.3 데바 영역의 고통 _ 110

2. 실제 수행, 두 가지 보리심 기르기 _ 112

2.1 관습적인 보리심 기르기 _ 114
2.1.1 보리심을 일어나게 하는 원인들 _ 114
2.1.2 배움의 실제 단계들 _ 115
2.1.2.1 일곱 단계 구술 전통 기법 _ 115
2.1.2.1.1 일어나게 되는 영적 특성 _ 116
2.1.2.1.1.1 왜 자비가 위대한 길의 뿌리인가 _ 116
2.1.2.1.1.2 어떻게 일곱 요소들이 원인과 결과로 작용하는가 _ 117
2.1.2.1.2 수행의 실제 단계들 _ 120
2.1.2.1.2.1 다른 이들을 걱정하는 마음 기르기 _ 120
2.1.2.1.2.2 깨달음에 관심 갖는 마음 기르기 _ 127
2.1.2.1.2.3 수행의 결실 통합하기 _ 127
2.1.2.2 자기-인식을 타인에 대한 인식으로 바꾸기 _ 129
2.1.2.2.1 보편적인 자세를 기르는 것의 이점과 그렇게 하지 않을 때의 불리한 점_130
2.1.2.2.2 이기주의를 변형시키는 마음의 능력 _ 130
2.1.2.2.3 바꾸기 명상의 단계들 _ 133
2.1.2.2.3.1 모든 비난의 대상 파악하기 _ 133
2.1.2.2.3.2.& 2.1.2.2.3.3 타인의 친절에 대한 명상과 타인 소중히 여기기 _ 135
2.1.2.2.3.4. 실제로 자기-인식을 타인 인식으로 바꾸기 _ 135
2.1.3 진전의 표시 _ 147
2.1.4 보살 서원을 일으키는 의례 _ 147

2.1.4.1 보살 서원을 일으키는 방편 _ 148
  2.1.4.1.1 서원할 때 앞에 계신 분 _ 148
  2.1.4.1.2 서원의 토대 _ 148
  2.1.4.1.3 실제 의례 _ 148
    2.1.4.1.3.1 의례의 예비단계들 _ 148
      2.1.4.1.3.1.1 특별한 귀의하기 _ 149
      2.1.4.1.3.1.2 좋은 에너지 일으키기 _ 150
      2.1.4.1.3.1.3 자신의 동기 정화하기 _ 150
    2.1.4.1.3.2 실제 의례 _ 151
    2.1.4.1.3.3 끝맺는 절차 _ 152
2.1.4.2 보살 서원을 지키는 방편들 _ 152
  2.1.4.2.1 이생에서 보살 서원을 약화시키지 않기 _ 152
    2.1.4.2.1.1 보리심의 유익한 효과 _ 153
    2.1.4.2.1.2 보리심의 힘 늘리기 _ 154
    2.1.4.2.1.3 모두에 대한 보리심 포기하지 않기 - 155
    2.1.4.2.1.4 공덕과 지혜 쌓기 _ 155
  2.1.4.2.2 미래생에서 이와 떨어지지 않게 하는 원인 기르기 _ 156
    2.1.4.2.2.1 네 가지 검은 다르마 버리기 _ 156
    2.1.4.2.2.2 길러야 할 네 가지 하얀 다르마 _ 156
  2.1.4.2.3 보리심 서원을 회복하는 방편들 _ 156
2.2. 궁극의 보리심 기르기 _ 158

3. 부정적인 조건들을 이 길에 도움 되게 변환하기

3.1 보편적인 보리심에 집중하는 숙고 _ 162
3.2 궁극의 보리심에 집중하는 숙고 _ 164

4. 한 생 동안의 수행 교리

4.1 생존 시 다섯 가지 힘의 적용 _ 166
4.2 사망 시의 다섯 가지 힘의 적용 _ 168

5. 마음이 수행된 정도 _ 171

6. 이 마음 닦기 체계의 서원들 _ 175

7. 로종 수행자들에게 주는 조언 _ 191

· 주 석 _ 198
· 참고문헌 _ 206
· 인물 한자명 목록 _ 208

서문

달라이 라마

　로종 돈둔마(Lojong Dondunma), 즉 마음 닦기 일곱 요점 (Seven Points for Training the Mind, 修心七要, 修心要訣) 전통은 인도네시아인 불교 마스터 셀링파(Serlingpa, 金洲大師, 10세기 후반과 11세기 초반)로부터 유래되어 구두로 우리에게 전달된 법맥으로, 영적 발전을 위한 명상 기법입니다. 셀링파는 오랜 세월 인도에서 공부하셨고, 그런 다음 자신의 고향인 쉬리 비자야(Shri Vijaya)로 돌아가셨습니다. 그에게서 유래된 많은 법맥들이 존경하는 아티샤 디팜카라에 의해 티베트로 전해졌습니다. 아티샤는 인도에서 인도네시아로 건너가 12년 동안 배웠고 나중에 눈의 나라에 초대되어, 돌아가실 때까지 티베트인들을 가르치셨습니다. 많은 스승들과 함께 공부하셨지만, 인도네시아인 구루 셀링파가 그의 가슴에 가장 친밀하게 남아, 심지어 이 스승의 이름을 언급하기만 해도 그의 두 눈에서 눈물이 흘렀다고 합니다.

　아티샤는 많은 가르침 법맥들을 티베트에 전수하셨습니다. 이 가르침들은 첫 번째로 그의 제자 라마 드롬(Drom)에게, 그런 다음 '세 까담파 형제들(the Three Kadampa Brothers)'로 알려진 라마 드롬의 세 주요 제자들에게 전달되었습니다. 이들은 다시 이 법맥들을 자신들의 제자들에게 전했고, 그렇게 여러 세대에 걸쳐 이어졌습니다. 이런 방식으로 셸링파의 가르침은 오늘날까지 끊이지 않고 우리에게 전달되었습니다.

티베트에서 아티샤가 베푼 가르침들 중에서 가장 정수로 여겨지는 것은 셸링파로부터 전달된 로종(修心)입니다. 이 범주의 가르침은 모든 티베트 불교 종파들의 칭송을 받고 있으며, 티베트 정신계 전반에 심오한 영향을 끼쳐왔습니다. 수 세기에 걸쳐 우리 티베트인들은 이 소중한 로종 가르침으로부터 기쁨, 용기, 힘을 얻었습니다.

마음 닦기 일곱 요점이라는 이 특별한 법맥은 원래는 작은 무리의 제자들에게만 전달되었던 것입니다. 그러다가, 몇 세대가 지나 까담파 라마들 중에 게쉐 체카와(Geshey Chekhawa)라는 분이 이를 확실히 보존하고자 글로 옮기셨습니다. 그때부터 지금까지, 그가 작성한 로종 돈둔마라는 이 짧은 글은 티베트 작가들에게 지속적인 영감의 원천이 되어왔으며, 모든 티베트 종파들은 계속해서 많은 주석서를 출판하고 있습니다. 이들은 분량, 스타일, 강조하는 내용면에서 모두 다르지만, 셸링파가 우리에게 전하는 방대하고 심오한 조언이 모두 똑같이 녹아있습니다.

1대 달라이 라마는 날탕(Nartang)에서 행자로 자신의 공식적인 영적 삶을 시작하셨는데, 날탕은 아티샤로부터 직접 내려오는 종파의 사원이었습니다. 따라서 아주 어렸을 때부터 그는 로종 가르침에 몰두했습니다. 그의 전기는 이 로종 가르침을 공부하고 수행하는 것이 그의 관심사였음을 강조하고 있습니다. 그의 '전집'에는 게쉐 체카와의 마음 닦기 일곱 요점에 대한 두 권의 주석서가 들어있는데, 첫 번째 것은 노트 형태로 쓰인 짧은 글이고, 두 번째 것은 더 긴데, 좀 더 전통적인 방식으로 주제를 다루고 있습니다. 이 두 번째의 작품이 티베트어로 텍첸 로종(Tekchen Lojong), 즉 위대한 (대승) 길에서 마음 닦기(Training the Mind on the Great Way)로 알려져 있습니다. 1대 달라이 라마는 이를 서양 역법으로 15세기 중반에 작성하셨으니, 상당히 오래 전 일입니다. 로종 가르침의 핵심 메시지는 더 나은 세상을 원한다면, 우리 자신의 마음을 개선하는 것부터 시작해야 된다는 것입니다. 인도인 마스터 샨티데바(Shantideva, 적천, 寂天)는 다음과 같이 말씀하셨습니다. "세상을 걷기 편하게 만드는 데에는 두 가지 방법이 있다. 하나는 세상을 모두 가죽으로 덮는 것이고, 다른 하나는 신발을 신는 것이다."

마찬가지로, 우리는 결코 끝나지 않을 일인 세상을 '길들이려' 애쓰면서 우리의 삶을 보내거나, 아니면 우리 자신의 마음을 '길들이'는 더욱 현실적인 길을 택할 수도 있습니다. 후자가 훨씬 더 효과적이며, 가장 빠르고, 안정적이고, 지속적인 해결책입니다. 우리 자신의 내적 행복에 도움이 될 뿐만 아니라 우리 주변에 평화와 조화의 분위기를 정착시켜줍니다.

석가모니 부처님이 말씀하신 것처럼, "마음은 온갖 일들의 징조입니다." 여러 가지로 해석될 수 있지만, 우리의 마음이 긍정적이면, 우리의 몸과 말이 긍정적이 되고, 그 결과 우리 삶의 방식이 즉각적으로 긍정적이 된다는 의미로 해석될 수 있습니다. 우리 삶의 방식이 긍정적이 되면 저절로 우리 자신과 우리 주변의 다른 이들에게도 행복을 주게 됩니다. 반면에, 마음이 부정적이면, 우리의 몸과 말이 부정적이 되고, 그 결과 우리 삶의 방식이 부정적이 되어 자동적으로 우리 자신과 다른 이들에게 좌절과 불행의 원인이 됩니다.

우리의 마음 상태는 미래를 선택하는 데에도 엄청난 영향을 줄뿐만 아니라, 지금 이 순간을 경험하는 방식에도 상당한 영향을 줍니다. 예를 들어, 마음이 잘 수행된 사람의 내적 평화와 행복은 가장 큰 외적 어려움을 경험할 때조차 거의 흔들리지 않습니다. 그에 반해, 마음이 수행되지 않은 사람의 내적 평화는 아주 사소한 불편에도 크게 흔들립니다.

저는 티베트인들에게 로종 가르침이야말로 우리 국민 저력의 주요 원천들 중에 하나라고 자주 말합니다. 로종 가르침은, 최근 몇십 년 동안 중국의 침략과 그들의 잔혹한 점령이 우리에게 가져온 고난과 괴로움을 이겨내는데 너무나도 많은 도움을 주었습니다. 저는 우리 티베트인들에게, 만약 우리가 아주 오랜 세월 동안 우리의 영적 전통들이 가르쳐왔던, 그리고 로종 가르침에 잘 표현되어 있는 자비와 지혜라는 이상에 의지한다면, 중국 군대가 우리들에게 무슨 짓을 하든지 간에 그 어떤 것도 우리에게 해를 입힐 수 없을 것이라고 조언합니다. 결국 우리들은 이겨내고 성공할 것입니다. 반면에, 그렇게 오랫동안 우리들을 동일 민족으로 특징 지어왔던 영적 이상들을, 즉 우리가 현대 문명에 작게나마 기여할 수 있는 문화적 가치들을 우리가 포기한다면, 비록 자결권을 얻는 투쟁에 승리한다고 해도 우리는 더 큰 손해를 입고 고통받을 것입니다.

1대 달라이 라마의 로종 주석서는 이 작품을 썼던 지금부터 5세기 반 전쯤의 티베트 불교의 특징이었던 사랑, 연민, 지혜라는 이상에 그가 헌신했음을 보여줍니다. 그리고 가끔 그의 표현이 현대적 감성에 꼭 들어맞지는 않는다고 해도, 메시지의 본질은 여전히 유용합니다. 그 본질이란, 만약 우리가 깨달음의 세상에 보탬이 되고자 한다면, 자신의 마음 닦기부터 시작하라는 겁니다.

이것이 티베트어 로종의 의미입니다. 여기서 로 (lo)는 마음을, 그리고 종(jong)은 닦기 또는 변형을 뜻합니다. 다시 말해, 우리는 마음을 보살의 방식으로, 즉 친절, 사랑, 연민, 인내, 내면의 힘, 지혜 등등을 일으키는 수행[육바라밀] 방식으로 닦을 필요가 있습니다. 이를 행하면, 우리는 그 즉시 더 행복해지고 더 균형 잡힌 사람이 되며, 우리 주변에 행복과 조화를 가져오게 됩니다.

오늘날 세상에는 전쟁 기술이 결코 부족하지 않습니다. 우리가 만든 파괴 무기들이 없는 곳이 없으며, 매일 더 많은 것들이 만들어지고, 정교함과 파괴력은 계속해서 커져만 가고 있습니다. 반면에 우리에게는 평화의 기술, 다시 말해, 사랑, 친절, 가슴을 여는 기술이 부족합니다. 물질적 발전도 유용하며 필요합니다. 그러나 인간의 영적 신념(vision)과 연결되지 않으면 물질적 발전은 쓸모가 없을 뿐만 아니라 해롭게 되며, 우리가 지구에서 행복을 성취하는데 역효과를 낳게 될 것입니다. 환경 파괴와 많은 야생 생물의 멸종은 영적 감성과 무관한 물질적 기술이 어떤 재앙을 초래할 수 있는지를 보여줍니다.

저명한 인도네시아인 마스터 셀링파의 로종 가르침은 부처님 가르침의 주요 본질을 제시한 것으로, 지금까지 거의 천 년 동안 중앙 아시아인들에게 이익을 주었음이 증명되어 왔습니다. 또한 로종 가르침은 지금 세상에도 유효한 여러 제안을 제시할 수도 있습니다. 로종 개념들 중에 일부는 특정 시대나 특정 상황에만 적용되는 것처럼 보일 수도 있지만 그 본질은 특정 시대에 한정되지는 않습니다. 이 메시지는 우리가 영적 옹졸함과 이기적인 행실을 초월하고, 그 대신에 보편적 책임이라는 맥락에서 우리자신을 바라보기를 권합니다. 우리는 우리 자신을 위해, 이 세상과 타인들에게서 무엇을 얻을 것인가에 대해서는 관심을 덜 갖고, 어떻게 하면 더 널리 쓸모 있는 존재가 될 것인가에 대해서 더 많은 관심을 가져야만 합니다.

탐욕은 끝이 없으며, 애초부터 어떠한 행복도 낳지 못합니다. 성스러운 인도인 마스터 샨티데바는 이를 다음과 같이 설명하셨습니다. "붓다들은 단지 다른 이들만을 돌본다. 세속적인 사람들은 단지 자신만을 돌본다. 그저 이 둘 사이의 차이를 살펴보라." 만약 우리가 붓다와 보살처럼 전자에 가까운 사람이 될 수 있다면, 이에 따르는 즉각적이며 직접적인 영적 보상을 받게 될 것입니다. 다른 것들은 간접적인 이익만을 줄 뿐입니다.

저는 성스러운 셸링파의 로종 가르침을 어린 나이에 받았고, 그때 이후로 이를 제 수행의 기반으로 사용해 왔습니다. 사랑과 연민의 정신을 기르는 로종 명상을 매일 하는 기도에 포함시켜왔고, 큰 도움을 받았습니다. 여러 로종 글들을 어렸을 때 암기했고 지금도 여전히 매일 암송하고 있습니다.

저에게 로종 전통은 석가모니 부처님의 평화 메시지의 핵심으로 자리하고 있습니다. 로종은 타인들을 대할 때 그들이 당연히 받아야 되는 존엄과 배려대로 대하는 법을 가르쳐줍니다. 또한 어떻게 자기 집착의 한계들을 초월하는지도 가르쳐줍니다. 간단히 말해서 로종은 우리 자신의 깨달음을 위한 지침이며, 다른 이들을 대함에 있어서 우리를 깨달은 행동으로 이끌어줍니다.

로종 전통을 공부하여 얻게 되는 혜택은 로종이 제안하는 명상 기법들에 대한 단순한 지적 이해에서 오는 것이 아니라, 이러한 명상을 실제로 적용하는 것에서 옵니다. 이런 명상 기법들의 대다수는 불교도는 물론, 좋은 심성을 계발하는데 진지한 관심을 갖은 사람이라면 누구라도 수행할 수 있습니다. 불교도이든 그렇지 않든, 영적 수행을 할 생각이 있든 없든, 종교인이든 그렇지 않든지 간에 상관없이, 우리 모두에게는 사랑과 연민이 필요합니다. 친절은 언제 어디에서나 필요한 것이며 이를 느낄 때면 우리 모두는 고마워합니다.

로종에 관한 1대 달라이 라마의 이 중요한 글이 영어로 번역되어 이 세상에 사랑과 친절의 정신이 널리 퍼지고, 눈 덮인 산의 나라에 한때 존재했던 풍성한 영적 유산들을 이해하는데 보탬이 되기를 바라는 제 기도를 바칩니다.

1991년 5월 10일

역자/라마 글렌

I. 아티샤와 정신적 유산 로종

 인도인으로 티베트에서 마지막으로 널리 가르침을 주셨던 위대한 불교 마스터들 중에 한 분이, 보통 간단하게 아티샤, '그 마스터(The Master)'로 알려진 디팜카라 쉬리즈나나이십니다.

 이 저명한 스님은 서기 982년 벵골(Bengal)에서 태어나, 1042년 눈의 나라에 도착하셨고 그 후 약 13년 뒤에 세상을 떠나실 까지 티베트에 계셨습니다. 그의 업적을 살펴보면 그가 티베트 불교의 특징에 심오한 영향을 미쳤음을 알 수 있습니다.[1]

 그가 티베트인에게 전달했던 가르침들은, 특히 "구두 전수(Tib., Man-ngag)" 계열의 법맥은 심지어 오늘날에도 가장 높이 추앙받고 있으며 다양한 분파의 라마들이 베푸시는 대중 법문의 인기 있는 주제입니다. 예를 들어, 현 달라이 라마님께서는 아티샤로부터 내려온 초기 법맥들 중에 하나를 대중 법문의 기초로 사용하십니다.

 아티샤가 티베트인들에게 주신 수많은 구두 전수 가르침들 중에 가장 본질적인 것은 로종(Tib., bLo-sbyong) 법맥의 가르침, 즉 "마음 닦는

---

1) chezin. 25쪽 참조.

직접적인 방편들"입니다. 더욱이 그의 모든 로종 가르침들 중에서 가장 중요한 것은 유명한 로종 돈둔마 (Tib., bLosbyong-don-bdun-ma), 즉 "마음 닦는 7가지 요점 (Seven Points for Training the Mind)" 입니다. 이 책에서 번역한 1대 달라이 라마의 해설, *위대한 길에서 마음 닦기 (Training the Mind in the Great Way)*[2]에서 주로 다룬 것도 바로 이 전통입니다.

1대 달라이 라마가 자신의 도입부에서 지적하셨듯이, "아티샤는 로종 전수에서 3가지 법맥을 받았습니다. 하나는(인도네시아인) 마스터 셀링파(Tib., gSer-gling-pa)로부터, 다른 하나는 (인도인) 마스터 마이트리요기(Maitriyogi)로부터, 세 번째는 그의 (인도인) 구루 다르마락쉬타(Dharmarakshita, 법호대사, 法护大師)로부터입니다…. 여기서 다루려는 전통은 자기 소중히 여기기(self-cherishing)[1]를 타인 소중히 여기기(cherishing of others)로 바꾸는 기법들을 통해 대승의 방식으로 마음을 닦는 구두 전통 가르침, 즉 아티샤가 그의 스승 셀링파로부터 받은 로종 전통입니다."

아티샤의 인도네시아인 스승에 대해서는 많은 것이 알려져 있지는 않습니다. 티베트인들이 그에 대해 쓴 전기가 여럿 있지만, 일반적으로 상당히 간략합니다. 셀링파는 인도네시아의 쉬리비자바(Shrivijava)라는 도시에서 왕자로 태어났다고 합니다. 인도네시아가 큰 불교 중심지였을 때, 이 도시는 불교 예술을 너그럽게 후원한 것으로 인도에서 명성이 자자했었습니다.

역시 왕자로 태어나 집도 없이 탁발 생활을 했던 석가모니 부처님의 발자국을 따라, 젊은 나이에 셀링파는 불교 스님이 되어 신성한 불법을 공부하기 위해 인도로 떠났습니다. 인도에서 당대에 가장 훌륭한 많은 스승들에게 교육받았고 결국 높은 수준의 자각을 얻습니다. 그의 법명은 다르마키르티(Dharmakirti, 法稱)였습니다. 같은 이름의 유명한 인도인 논리학자와 혼동하지 마십시오. 티베트인들은 그를 간단히 셀링파, 즉 문자 그대로 "황금 섬의 그", 즉 "인도네시아인"이라고 부르기를 좋아합니다.

삶의 후반기에 셀링파는 모국 사람들을 가르치기 위해 고국으로 돌아갔습니다. 위대한 영적 마스터로서의 그의 명성은 인도에서 변함없이 계속되었고, 아티샤는 그에 대한 이야기를 들었을 때, 배움을 위해 인도네시아로 위험스런 바다 여행을 감행하기로 결심합니다. 아티샤는 셀링파 아래서 12년 동안 공부했고 그가 가르침을 받았던 50명의 영적 마스터들 중에서 셀링파를 가장 중요하게 여기게 됩니다. 나중에 티베트에서 이 깨달은 성인을 언급할 때마다 그의 두 눈에서는 눈물이 흘러내리곤 했답니다.

인도네시아에서 12년 생활한 후에 아티샤는 인도로 돌아왔고 티베트로 가기 전까지 인도에서 불법을 가르쳤습니다.

아티샤가 티베트로 온 이야기는 정말이지 감동적입니다. 서 티베트의 왕, 예쉐 오드(Yeshe Od, Tib., Ye-shes-od)는 인도의 불교 장로들에게 티베트에서 가르침을 펼 수 있도록 아티샤를 보내달라는 요청을 여러 번 보냈습니다. 하지만, 아티샤는 인도의 가장 위대한 영적 마스터로 여겨졌기에 이 요청은 번번이 거절됩니다.

몇년 후에 예쉐 오드 왕은 적 군대에 잡혀 몸값으로 그의 몸무게에 해당되는 금을 요구받습니다. 그의 조카가 몸값을 가져갔고 그 금의 무게를 재었는데, 예쉐 오드 왕 머리에 해당하는 무게만큼 모자랐습니다.

왕은 조카를 옆으로 데려가서 놀라운 제안을 합니다. "나는 늙었고 곧 죽게 된다. 이 금을 인도로 가져가서 아티샤의 사원에 바쳐라. 아티샤를 모시고자 하는 우리의 요청이 이 금과 함께 그리고 왕의 머리와 함께 왔다고 장로들에게 전하라."라고 말했습니다.

이렇게 해서 아티샤가 인도에 있는 자신의 사원을 떠나 티베트에서 가르치게 됩니다.

그가 티베트로 온 것은 역사적 관점에서 중요합니다. 그 후 2세기 동안 이슬람교 침입자들이 말레이시아 반도에서 인도네시아에 이르는 인도 아대륙(subcontinent)을 휩쓸었고, 지나가는 곳마다 불교를 파괴했습니다. 그러는 동안에도, 아티샤의 깨달음 법맥은 눈의 나라에서 안전하게 보존되었습니다. 사실, 인도 불교의 많은 것들이 스리랑카, 태국, 중국, 일본 등등과 같은 나라에 보존됐지만, 유일하게 티베트에서만 인도네시아 고유의 불교 법맥들이 살아남은 것으로 보입니다.[3]

아티샤는 자신의 남은 생애를 바쳐 티베트에서 가르치셨고, 깨달음의 길을 따라 수천 명의 제자들을 지도했습니다. 이들 중에서 가장 위대한 제자는 달라이 라마들의 이전 화신으로 여겨지는 재가신도 라마 드롬 톤파(Drom Tonpa, Tib., bLa-ma-'brom-ston-pa) 입니다. 아티샤는 자신의 가장 중요한 법맥을 많은 승려 제자들에게 전달한 것이 아니라, 재가신도 라마 드롬 톤파에게 전수했습니다. 그리고 나서 라마 드롬 톤파는 이 유산을 그의 주요 제자들에게 전수했고 여러 세대를 거쳐 그렇게 내려 왔습니다.[4]

13대 달라이 라마는 자신의 불용 해(1916년) 신년 법문에서 아티샤 법맥의 내용과 초기 역사를 간략하게 요약했습니다. 저는 여기서 13대 달라이 라마의 삶과 가르침에 대한 제 자신의 연구서인, *보살 전사의 길(Path of the Bodhisattva Warrior)*[5]에 있는 그의 말을 인용합니다.

아티샤는 티베트에서 불법을 널리 가르치셨습니다. 후에 그의 수제자 라마 드롬 톤파는 아티샤의 여러 전수들을 "4가지 신성과 3가지 불법(The Four Divinities and Three Dharmas)"으로 알려진 유산으로 모아 정리했습니다. 이로 인해 개개 수행자들은 현교(sutra)와 밀교(tantra)의 모든 교리들을 상호 모순되지 않는 것으로 인식할 수 있었으며, 자신들이 직접 이들 모두를 깨달음의 완성을 위한 상호 보완적인 방편으로 적용할 수 있었습니다. 이 법맥은 점차적으로 "아티샤의 까담(Kadam) 전통, 일곱 신성한 불법들의 놀라운 유산(The Marvellous Legacy of Seven Divine Dharmas)"으로 알려지게 되었습니다.

라마 드롬은 아티샤의 다양한 법맥들을 "3명의 까담파 형제들"에게 나누어 전수했습니다. 한 명에게는 경전 전통(教典派)을 주었고, 두 번째 분에게는 구두 전수(教授派, 口傳派)를 주었으며, 세 번째 분에게는 간결한 가르침(道次派)을 주셨습니다.

경전 전통에는 두 가지 주요 형태가 있는데, 이는 궁극의 실체(reality)와 공의 지혜를 다루는 전통과, 관습적인(세속적인) 실체와 광대한 보리심 활동을 다루는 전통입니다.

이들 중에 앞에 것, 즉 공의 궁극의 지혜를 다루는 것에 대해 말하자면, 여기서 강조하는 주요 경전들은 중론 (지혜의 뿌리, *The Root of Wisdom*, Skt., *Mulamadhyamika-karika*)과 같은 나가르주나의 공에 대한 여섯 개의 논서와 후대 인도인 마스터들이 쓴 주석서, 그리고 아티샤 자신이 쓴 중도에 대한 그리고 이 두 가지 진리의 본성에 대한 주석서입니다.

광대한 보살 활동들의 본성을 설명하는 데에는 전형적인 여섯 권의 책을 사용하는데, 이 여섯 권은 보살의 단계(*The Bodhisattva Stages*, Skt., *Bodhisattvabhumi*, 菩薩地持經), 대승 경전에 덧붙임(*An Ornament of Mahayana Sutras*, Skt., *Mahayanasutra-alamkara*, 大乘莊嚴經論), 보살 수행의 개론(*A Compendium of Bodhisattva Trainings*, Skt., *Shik-shasamucchaya*, 大乘集菩薩學論), 보살의 길에 대한 안내(*A Guide to the Bodhisattva Way*, Skt., *Bodhisattvacharya-avatara*, 入菩提行論), 본생경(本生經, *A Garland of Birth Stories*, Skt., *Jatakamala*), 티베트법구경(法句經, *Collected Sayings of the Buddha*, Skt., *Udanavarga*) 입니다. 이들 중에 다섯 번째인 본생경을 위대한 기도 축제(The Great Prayer Festival)의 아침에 읽는 것이 전통입니다.

이들은 옛 까담 종파에서 공부하던 경론이었습니다.

구두 전수 가르침들은 위의 경론들에서 나온 것이고 이 경론들이 가르치는 본질적인 수행법이었습니다. 이 구두 전통 가르침들은 일반적으로 "대승 전통에서 마음을 닦기 위한 가르침들"(Tib., Theg-chen-blo-sbyong-gi-gdampa-pa)이라고 알려져 있습니다.

아티샤는 이 로종 가르침들을 자신의 세 주요 인도인 구루들로부터 그리고 물론 그의 마스터 셀링파로부터 집대성했습니다. 그러고 나서 비밀스럽게 이를 그의 수제자인 라마 드롬 톤파에게 전수했습니다.

세 명의 까담파 형제들의 시기에 이 구두 가르침들 중에 다수가 함께 집대성되었고 *교리의 단계들*(Stages of the Doctrine, Tib., sTan-rim)이란 책으로 편찬됩니다. 그때에도 인도네시아인 마스터로부터 내려온 법맥들은 여전히 비밀리에 전수되었습니다.

그렇지만, 시기가 충분히 무르익자, 이들 또한 결국에는 공개됩니다. 첫 번째로 게쉐 캄룽파(Geshe Khamlungpa)가 *마음을 닦는 8회의 시간*(Eight Sessions for Training the Mind, Tib., bLo-sbyong-thun-brgyad-ma)을 출판했습니다. 그러고 나서 게쉐 랑리 탕파(Geshe Langri Tangpa)는 *마음 닦는 여덟 시구*(Eight Verses for Training the Mind, Tib., bLo-sbyong-tshig-brgyad-ma, 修心八訓)를 썼습니다. 그 다음 상게 곰파(Sangye Gompa)가 *공개적 설명*(A Public Explanation, Tib., Tshogs-bshad-ma)을 작성했고 게쉐 체카와(Geshe Chekhawa)가 *마음 닦는 일곱 요점*(Seven Points for Training the Mind, Tib., bLo-sbyong-don-bdun-ma, 修心七要, 修心要訣)을 썼습니다.

이런 식으로 로종 구두 전수 가르침들은 점차 대중들에게 드러나게 됩니다. 후에 이들 모두는 *마음 닦기에 관한 백 편의 글들*(A Hundred Texts on Training the Mind, Tib., bLo-byong-brgya-rtsa)이라는 문집에 함께 포함됩니다.

드롬 톤파가 전수한 세 번째의 법맥, 즉 간결한 가르침의 법맥은 아티샤와 그의 제자들 간의 비밀스런 구두 가르침에 뿌리를 두고 있습니다. *까담파 마스터들에 대한 위대한 책: 보살의 길에 대한 심오한 가르침들의 보석 염주(The Great Book of the Kadampa Masters: A Jewel Rosary of Profound Instructions on the Bodhisattva Way, Tib., bKa'-gdams-glegs-bam-chen-mo-zab-tshig-byang-chub-sems-dpa'-nor-bui-phreng-ba)*…

전수된 위 법맥들 중에서 지금 이 번역본에서는 1대 달라이 라마가 "원전"으로 사용하신 *마음 닦기 일곱 요점*으로 알려진 게쉐 체카와(Tib., dGe-bshes-'chad-kha-ba)의 로종에 가장 큰 관심을 둡니다. 다시 말해, 1대 달라이 라마가 그의 주석서에서 설명하고 있는 것은 아티샤로부터 내려 온 명상 전통이며 게쉐 체카와가 글로 적은 *마음 닦기 일곱 요점*이라는 짧은 글입니다. 이 전통은 전해 내려온 모든 로종 전통들 중에서 가장 중요한 것으로 여겨지는데 그 이유는 인도네시아인 마스터 셀링파로부터 아티샤가 받아 티베트에 널리 퍼뜨린 전통이기 때문입니다.

*마음 닦기 일곱 요점*에 대한 게쉐 체카와의 글에는 여러 다른 버전들이 있다는 것에 주목해야 합니다. 내용면에서는 크게 벗어나진 않지만, 행들의 순서가 다른 경우가 있으며, 글자가 더 더해진 경우도 더러 있습니다.

저는 현 달라이 라마님과 달라이 라마님 사찰의 주지인 덴마 로쵠 린포체(Denma Lochö Rinpoche)를 포함하여 여러 법맥 보유자들에게 이 문제에 대해 여쭤봤습니다. 해설자가 자신들의 개념을 제시하는데 도움이 되도록 글을 다소 자유롭게 재배치해도 된다는 것이 일반적인 견해인 것 같습니다. 또한 이 분들은 앞에서 인용했던 글에서 13대 달라이 라마가 언급했던 것과 같은 여러 다른 로종 작품들에서 자유롭게 문장을 인용합니다. 여기에서 저의 목적은 정확한 게쉐 체카와의 원전을 세상에 내놓는 것은 아니기 때문에 이 문제를 더 이상 파고들지 않겠습니다. 관심이 있으신 분들은, 8대 달라이 라마의 구루인 카첸 예쉐 걜쩬(Kachen Yeshe Gyaltsen, Tib., bKa'-chen-ye-shes-rgyal-mtshan)의 방대한 주석서[6]가 이 주제를 상당히 자세하게 다루고 있으니 이를 참조하십시오.

사실 1대 달라이 라마는 게쉐 체카와의 일곱 요점에 대해 두 개의 주석서를 썼습니다. 독자들은 이 두 주석서에서 사용한 원문이 약간 다르다는 걸 알게 될 것입니다. 이 두 주석서 중에 어떤 것도 왜 그런 식으로 행을 배열했는지에 대한 이유를 알려주지 않습니다.

1대 달라이 라마의 삶과 업적에 관한 제 자신의 연구서, *현교와 밀교에 다리 놓기*(Bridging the Sutras and Tantras)[7]에는 이 두 주석서 중에 짧은 글이 들어있습니다. 지금 이 책에서 번역한 글은 더 긴 주석서이며, 짧은 버전보다 약 두 배 반 정도 깁니다.

II. 로종 수행의 특징

이 시점에서 영적 수행의 방편이란 측면에서 로종 전통의 특징에 대해 말하는 것이 유용할 것 같습니다.

로종 접근 방식의 주된 특징은 깨달음에 방해가 되는 것들을 두 가지로 구분한다는 것입니다. 이들 중에 첫 번째는 *첸진*(chezin, Tib., bces-'dzin), 즉 자기를 소중히 여기는 태도로, 항상 자신을 다른 사람들 위에다 놓고 남을 희생시켜 이익을 보려는 습관입니다. 이 태도는 세상에 갈등과 부조화를 가져와 우리들로 하여금 다른 이들에게 해를 가하도록 만드는 엄청난 말썽꾼입니다. 마음의 평화를 위협하는 가장 큰 적을 하나 꼽으라면 바로 이것입니다.

두 번째 장애는 *닥진*(dakzin, Tib., bdag-'dzin), 즉 에고 집착 (ego-grasping)으로, 나에 집착하는 무지(I-holding ignorance)입니다. 이는 고정된 성품의 자아(truly existent self)에 대한 본능적인 믿음, 다시 말해, 뭔가가 독립적으로 우리 자신 속에 그리고 외부 현상들 속에 진정으로 존재한다고 여기고 이에 집착하는 사고방식을 말합니다.

나에 집착하는 습관이 없어지면, 자기 소중히 여기기는 일어나지 않기 때문에, 위 두 가지 장애들 중에 두 번째인 나에 집착하는 무지는 사실 첫 번째 것보다 더 깊습니다. 그럼에도 불구하고, 둘 다 계속해서 우리에게 문제를 일으키기 때문에, 반드시 둘 다 파악해서 대처해야 합니다.

로종 방편은 이 두 가지 행동 양식을 제거하고 이들을 각각 커다란 자비와 공의 더할 나위 없는 기쁜 지혜로 바꿔서 우리 안에 깨달음이 일어나도록 합니다.

이 두 가지 장애를 제거하는 로종 접근법은 두 가지 종류의 *보리심*(bodhi-chitta), 또는, 깨달은 마음을 기르는 방법으로 알려져 있습니다. 하나는 사랑과 연민의 관습적 보리심(世俗菩提心)이고, 다른 하나는 공의 지혜라는 궁극의 보리심(勝義菩提心)입니다. 이 두 가지 보리심을 기르는 방법들이 로종 수행의 주 내용을 이룹니다. 일곱 요점 로종 체계에서는 두 번째 요점에 해당됩니다. 다른 여섯 요점들은 먼저 수행자를 준비시키고 그런 다음 이 "실제 수행"을 지원하고 지속시켜 줍니다.

정리하자면, 일곱 요점 체계에서 첫 번째 요점은 예비 수행입니다. 두 번째는 두 가지 보리심을 기르는 실제 수행이고 세 번째는 보리심 기법들을 사용하여 고난과 도전들을 깨달음에 도움이 되도록 변형시키는 방편입니다. 네 번째는 자신의 생 내내 그리고 죽음이 올 때에 이 수행을 완성하는 방편입니다. 다섯 번째는 진전의 증후들을 관찰하는 방법입니다. 여섯 번째는 수행에 대한 서원입니다. 일곱 번째는 수행자를 위한 전반적인 조언입니다.

작고하신 제 스승님들 중에 한 분이신, 존경하는 라마 툽텐 예쉐(Tubten Yeshe)께서는 로종 전통의 본질을 대단히 간결하게 요약하셨는데, 여기에 그 분의 말씀을 인용하려 합니다. 이 분은 생의 마지막 10년 동안 서구 세계 전역을 널리 다니시며 가르치셨기 때문에, 독자들 중에는 이 훌륭한 분을 만났던 분도 계실 것입니다. 돌아가신 후에 그의 툴쿠(tulku, Tib., sPrul-sku, 轉世靈童, 활불, 전대활불), 즉 공식적으로 환생으로 인정된 젊은 스페인 아이 텐진 오셀 톨레스(Tenzin Osel Torres)가 미디어로부터 상당한 관심을 받았었기 때문에, 그에 대해 읽었거나 들어본 분도 있을 것입니다. 세상을 떠나기 몇 년 전에 라마 툽텐 예쉐께서는 저에게 *현교와 밀교에 다리 놓기*의 서문을 써주셨습니다. 이 문집에는 일곱 요점 로종 전통에 대한 1대 달라이 라마의 짧은 주석서가 포함되어 있기 때문에 라마 예쉐는 이 주제에 대해 말씀하셨습니다. 그의 감동적인 말씀은 이 책에 담겨있는 1대 달라이 라마의 더 긴 주석서에도 해당되기 때문에, 제가 여기서 이를 반복한다고 해도 부적절하지는 않을 것입니다.

아티샤의 마음 닦기 일곱 요점, 또는 로종 전통에 대한 겐둔 드룹(Gendun Drup)의 주석서는 우리의 일상생활에 특히나 유용한 조언을 제공해줍니다. 이국적이지도 않고 시적이지도 않으면서 순전히 실용적입니다. 이것의 주제는 어떻게 우리의 모든 활동들을 타인을 향해 가슴을 여는 방편으로 변형시키느냐 입니다. 이것이 로종이란 단어가 지닌 보다 더 깊은 의미로, 올바른 생활, 올바른 행동을 뜻합니다.

특히 사회적으로나 경제적으로 불안정한 현 시대에, 다시 말해 영적 수행을 격려하는 것은 매우 적은 반면 이를 방해하는 것들은 매우 많은 이 시대에, 생을 유지하는 수단인 물질적 자원들의 사용이 지나치게 강조되어 집착이 된 이 시대에, 로종 가르침은 가장 유용합니다. 살기 위해서 물질을 사용해야만 되지만, 현 세상은 크게 타락하여 물질에 대한 집착을 최고의 해결책으로 여기는 지경에 이르렀습니다.

이런 곳이 우리가 생존하며 수행해야 하는 환경입니다. 로종은 공격적이고 탐욕스런 상황들을 깨달음에 이르는 길을 돕도록 변형시키는 대단히 효과적인 방편입니다. 우리가 모든 상황에 적용할 수 있는 방편을 갖지 못한다면, 이 20세기에 마음이라는 야생 코끼리를 길들이기란 매우 어려울 것입니다.

로종 가르침의 또 다른 중요한 점은 티베트 불교의 네 종파 모두가 수행한다는 것입니다. 이 법맥은 원래 11세기 중반에 아티샤가 티베트에 들여와 고대 까담 전통의 기초가 되지만, 까담파 스승들로부터 점진적으로 티베트의 네 종파 모두에 전달됩니다. 모든 티베트 종파에서 로종에 대한 많은 주석서를 발견할 수 있습니다. 이것은 1대 달라이 라마의 주석서를 종파에 상관없이 티베트 불교의 모든 학생들이 받아들였음은 물론 로종 교리에는 어떤 보편성이 있음을 암시하기 때문에, 티베트에서 로종 가르침이 이렇게 널리 적용되었다는 것은 두 배로 의미가 있습니다. 모든 불교 전통이 로종을 소중히 여길 뿐만 아니라, 영적 발전에 진심으로 관심이 있으면 누구나 이를 이용하고 적용할 수 있습니다. 불교도이든 그렇지 않든지 간에, 부처님, 불법, 승단이라는 전통적인 해석을 믿든지 그렇지 않든지 간에, 종교인이든지 그렇지 않든지 간에, 로종 가르침은 유익하게 사용될 수 있습니다.

Ⅲ. 티베트 배경지식

티베트에 불교가 언제부터 들어오기 시작했는지를 정확하게 말하는 것은 불가능합니다. 그러나 석가모니 부처님의 출생지인 룸비니(Lumbini)에서 북쪽으로 불과 몇 백 마일밖에 떨어져 있지 않은 곳에 사는 티베트인들은 틀림없이 처음부터 불교 전통에 대해 어느 정도 알고 있었을 것이라고 추측할 수 있습니다. 불교 이전에 티베트에 있었던 여러 고대 종교의 역사에 대해 해설하면서 대비드 스넬그로브(David Snellgrove)는

"서 티베트의 마을은 이미 불교 은둔자들과 요기니들(여성 요가수행자들), 그리고 아마도 힌두 수행자들에 대해서도 잘 알고 있었을 것이고 티베트의 신앙심 깊은 왕들에 의해 불교가 정식으로 소개되기 훨씬 전에 이미 인도의 가르침과 수행들이 행해졌다……. 더욱이, 이들 '비정식적인' 접촉이 수 세기 동안 이어졌다."라고 썼습니다.[8]

정말로, 널리 퍼져 있는 한 전설에 따르면, 티베트의 첫 번째 왕은 망명한 인도인 왕자, 유명한 불교 후원자였던 마가다국의 왕 프라세나지트(Prasenajit)의 5번째 아들입니다.[9]

이 이야기는 계속해서, 이 왕자가 출생 시에 다소 기형이었고, 그의 아버지와 형들은 그를 꺼렸다고 말합니다. 그 결과 성년이 되자 그는 집에서 달아났습니다. 결국 라사 남동쪽의 얄룽(Yarlung) 계곡으로 들어가게 되었고, 거기에서 세련된 모습과 상량한 태도로 티베트인들을 크게 감동시켰습니다. 티베트인들은 그를 자신들의 사회에 받아들였고 결국 그는 그들의 지도자가 됩니다. 그들은 그에게 뉴아트리 쩬포(Nyatri Tsenpo, Tib., gNya'-khri-btsan-po), 즉 "1인승 가마에서 태어난 제왕"이라는 이름을 주었고, 이 이름이 역사 문헌에 알려지게 됩니다.

티베트 문화는 7세기 중반 송쩬 감포(Songtsen Gampo, Tib., Srong-btsan-sgam-po) 왕의 통치기에 극적인 전환을 맞습니다. 이 통치자는 5명의 부인과 결혼했는데, 이들 중에 첫 번째는 네팔의 불교도 공주[2]였습니다. 그녀를 기념하여, 송쩬 감포는 조캉(Jokhang) 사원을 지었는데, 티베트의 가장 성스러운 불교 성지가 됩니다. 이 건물의 정문은 그녀의 고국을 향해 남쪽으로 향해 있습니다. 또한 이 땅의 신령들을 달래기 위해서 라사 주변의 여러 장소에 108개의 작은 불교 사원들과 기념물들을 지으라고 지시했습니다.

---

2) 브리쿠티(Bhrikuti Devi), 척존공주(尺尊公主)

몇 년 후에 송쩬 감포는 또 다른 외국인 부인을 맞았는데, 중국에서 온 불교도 공주였습니다. 그녀를 위해 그는 라모체(Ramoche)라는 사원을 지었습니다. 이 사원의 정문은 그녀가 태어난 방향을 향해 동쪽으로 나있습니다.

왕 자신이 얼마 안 있어 불법을 받아들이고 열의를 갖고 원기 왕성하게 나라의 문화 판도를 바꿨기 때문에, 이들 두 불교도 부인들이 세 명의 다른 티베트인 부인들보다 더 많은 영적 영향을 왕에게 주었던 것 같습니다. 그는 자신의 궁중 지성인들 중에 많은 사람들을, 불법을 공부하라고 인도로 파견했고, 불교 관련 책들을 티베트어로 번역하기 위한 청사진을 만들도록 했습니다. 새로운 경전들이 카슈미르(Kashmiri) 버전의 산스크리트를 기반으로 만들어졌고, 다양한 사전들이 편찬되었습니다.

송쩬 감포의 업적은 한 세기 후에 그의 후손인 트리송 데쩬(Trisong Deutsen, Tib., Khri-srong-lde-btsan) 왕에 이르러 비약적인 발전을 이룹니다. 그는 인도 경전들을 체계적으로 번역하고, 자격을 제대로 갖춘 사찰을 만들어 승단을 확립하려는 시도로 많은 인도인 마스터들을 눈의 나라로 초대했습니다. 그 당시에 티베트에서 가르침을 펴셨던 마스터들 중에서 가장 존경 받는 분은 구루 파드마삼바바(Padmasambhava, 蓮華上座師)와 샨티락쉬타(Shantirakshita)였는데, 티베트 최초의 사찰인 삼예(Samye)의 건축을 이 두 분이 함께 감독하셨습니다.

티베트 초기 종교 역사의 마지막 이정표는 서기 792년입니다. 두 주요 불교 흐름이 티베트를 주도했습니다. 하나는 인도에서 온 것으로 고전적인 대승과 금강승 법맥의 조화를 지닌 것이고, 다른 하나는 중국에서 온 것으로, 도교적인 정서에 의해 걸러지고 도교적 특색을 띤 대승적 측면을 지녔습니다. 그 당시 라마 지성인 계급을 주도했던 이 둘은, 철학적으로나 수행의 적용이란 측면 모두에 있어 서로 상반되었으며, 이들 중에 하나는 사라져야만 했습니다.

규모가 큰 집회가 열렸고, 공식적인 (삼예) 논쟁이 벌어졌습니다. 까마라쉬라(Kamalashila, 蓮華戒)가 인도 전통을 대표하기 위해 인도에서 호출됐고, 마하연(Hoshang Mahayana)이라는 이름의 스님이 중국 불교를 대표했습니다. 소문에 의하면, 중국 측이 너무나 크게 져서 라사를 떠나야만 했는데 그 사이 티베트인들은 그에게 더러운 양말, 돌, 그리고 개인 소지품들을 던졌다고 합니다.

결과는 극적이었습니다. 중국 불교는 그 후로 눈의 나라에서 금지되고, 중국 문헌들을 티베트어로 번역하는 것도 같은 운명을 맞았습니다. 중국 경전의 사용조차도 금지되었습니다. 중국 스님들은 티베트를 방문하여 불교를 배울 수는 있지만, 가르치는 것은 허락되지 않았습니다. 좋든 싫든 주사위는 던져졌고, 티베트 불교는 그 이후로 오직 인도 성자들에게서만 영감을 받게 됩니다.

이 이후로 여러 세대에 걸쳐 많은 수의 인도인 마스터들이 티베트로 초청되어 경전을 가르치고 번역합니다. 또한 많은 티베트 학자와 스님들이 인도의 사찰과 암자로 가서 산스크리트를 배우고 불교 사상의 중요한 세부 사항들을 마스터합니다.

이러한 초창기로 거슬러 올라가는 다양한 불교 법맥들을 일반적으로 닝마(Nyingma, Tib., Nying-ma), 즉 "옛 종파"라고 부릅니다. 이들은 용어의 표현법이 비슷한데, 주로, 초기 왕들이 후원한 번역 팀이 만든 사전과 지침에 따라 번역했기 때문입니다.

11세기 중반에 눈의 나라는 화려한 부흥기의 꽃을 피웁니다. 많은 수의 티베트인 마스터들이 새롭게 개선된 어휘들을 사용하여 수많은 옛 번역물들을 개선하고 재작업하기 시작합니다. 이 시기에 새로운 세 종파가 형성되는데, 이들은 각각 샤캬(Sakya, Tib., Sa-skya), 까규(Kagyu, Tib., dKa'-rgyud), 까담(Kadam, Tib., dKa'-gdams)입니다. 아티샤의 법맥이라는 비옥한 땅에 직접 그리고 독점적으로 그 뿌리를 둔 것은 이들 중에 마지막 종파인 유명한 까담입니다.

그런데도 아티샤의 가르침은 까담 종파의 경계를 벗어나 빠르게 퍼져 나갑니다. 한 세대가 지나기 전에 샤캬와 까규 모두가 아티샤의 가르침을 받아들이게 되어 이들 종파의 주요 요소로 남게 됩니다. 오래지 않아 이 가르침들을 닝마가 흡수하고, 13세기 개혁자 롱첸 랍잠파(Longchen Rabjampa, Tib., kLong-chen-rab-'byams-pa)가 닝마 교리에 대한 자신의 여러 고전적인 논서들에 포함시켰는데, 그 결과 대부분의 후대 닝마 작가들도 전적으로 이를 수용하게 됩니다.

1357년 티베트 종교 역사에 극적이며 지대한 영향을 미친 인물이 동티베트에서 태어납니다. 그는 라마 쫑카파(Tsongkhapa, Tib., bLa-ma-gtsong-kha-pa, 1357-1419)로 겔룩파 (Gelukpa, Tib., dGe-lugs) 종파의 창시자입니다.

겔룩 종파는 이전 티베트 불교 종파들과는 상당히 다릅니다. 이전 종파들은 독자적으로 인도에, 그리고 보통 한 두 분의 인도인 마스터들의 법맥에 자신들의 뿌리를 둡니다. 반면에 겔룩파는 티베트에서 처음으로 취사선택하여 만들어집니다. 다시 말해, 겔룩파는 인도 뿌리에서 "새로운" 티베트 불교 종파로 태어난 것이 아니라, 이전 종파들 모두를 통합했습니다. 라마 쫑카파는 모든 티베트 종파의 약 45분의 스승들과 함께 공부했습니다. 그는 이들 모두의 가장 좋은 점들을 한 지붕아래 모으는 것을 자신의 사명으로 여겼습니다.

만약 그가 이룬 인기라는 점에서 그를 평가한다면, 그는 분명 성공했습니다. 그가 세상을 떠나고 몇 세대 만에 겔룩파는 모든 옛 종파들을 합친 것만큼이나 커졌습니다.

그렇지만, 쫑카파는 티베트의 최고 영적 법맥들을 결합하고 융합하는 데에 있어, 아티샤의 가르침과 아티샤의 까담 전통을 자신의 철학적 기반과 영적 기반으로 채택했습니다. 까담파 관점이라는 전반적인 구조 안에 겔룩파로 끌어들인 다른 모든 법맥들을 담았고, 까담파 틀 안에서 이를 재구성했습니다.

이런 이유로 겔룩은 때때로 티베트 역사서에서 까담 사르마(Sarma, bKa'-gdams-gsar-ma), 즉 "새로운 까담 종파"로 불립니다. 겔룩은 자신의 새로운 사찰의 건립을 장려하는 것은 물론, 얼마 안 있어 거의 모든 옛 까담 사찰들을 흡수합니다.

1대 달라이 라마는 쫑카파의 다섯 명의 주요 제자들 중에 가장 어렸습니다. 그러나 역사는 곧 그를 이들 다섯 명 중에 가장 눈에 띄게 만들고, 겔룩 종파가 널리 성취했던 성공이라는 측면에서 가장 중요한 인물로 만듭니다.

IV. 1대 달라이 라마

1대 달라이 라마는 1391년 서남 티베트의 짱(Tsang) 지역에서 부족의 유목 목동의 아들로 태어났습니다. 그 당시 티베트의 모든 지역은 불교의 꽃으로 덮여 있었습니다. 계곡마다 많은 비구 사찰, 비구니 사찰, 또는 영적인 암자가 있었습니다

그의 아버지는 그가 7살 때 돌아가셨고, 그의 어머니는 너무나 가난하여 혼자 그를 부양할 수가 없어 게쉐 초쉐(Geshe Choshe, Tib., dGe-bshes-chos-bshad)라는 이름의 친절한 삼촌이 있는 날탕(Nartang) 사찰에 맡겼습니다. 날탕 사찰은 아티샤의 까담 전통과 관련이 있었기 때문

에, 그는 어려서부터 깨달음에 이르는 까담파 길을 갔습니다.

이 아이의 심오한 영적 특성은 주목받지 않고 지나칠 수 없어서, 곧 날탕의 위대한 주지, 드룹파 쉐랍(Druppa Sherab, Tib., Grub-pa-shes-rab)의 개인 제자가 됩니다. 그가 자신의 더 높은 승려 수계를 받은 것도, 그가 역사에 알려지게 된 이름인 겐둔 드룹파(Gendun Druppa, Tib., dGe-'dun-grub-pa)를 받은 것도 이 마스터로부터였습니다.

어른이 되어 겐둔 드룹파는 중앙 티베트와 남 티베트 전역을 돌아다니며 폭넓은 여러 스승들에게 배우며 명상 수행에 전념합니다. 그는 라마 쫑카파를 1415년에 만났고, 4년 후에 라마 쫑카파는 세상을 떠납니다. 이 만남은 두 사람 모두에게 감동적이었음에 틀림없습니다. 겐둔 드룹파가 만년에 위대한 스승이 되며 사찰 원로가 될 것이라고 예언하면서, 쫑카파는 자신의 본질적인 법맥들을 전달한다는 상징으로 자신의 승복에서 천 조각을 찢어 이 젊은 스님에게 주었다고 합니다.

이때부터 계속해서 1대 달라이 라마는 항상 라마 쫑카파를 자신의 가장 내면의 영적 안내자로 여기고, 쫑카파가 돌아가신 후에 쫑카파의 모든 법맥을 모으면서 여러 해를 라사 지역에서 보냅니다. 결국 그는 겔룩 종파에서 가장 위대한 살아있는 마스터, 제(Je) 쫑카파 법맥들을 소유한 타의 추종을 불허하는 분으로 여겨지게 됩니다. 이 책에서 번역한 원문의 첫 페이지에서 1대 달라이 라마 자신이 언급하신 대로, 그의 주석서는 라마 쫑카파가 라마 남카 팔덴파(Namkha Paldenpa, Tib., bLa-ma-nam-mkha'-dpal-ldan-pa)에게 준 구술 법문을 기반으로 삼았습니다. 1대 달라이 라마 자신은 이 법맥을, 라마 쫑카파가 돌아가신 몇 년 후에 라마 남카 팔덴파(Namkha Paldenpa)로부터 받았습니다.

어떤 이유로 인해 많은 서양 작가들이 1대 달라이 라마의 구루인 라마 쫑카파의 역할을, 달라이 라마의 삼촌이며 그가 어렸을 때 날탕 사찰에서 후견인이었던 게쉐 초쉐의 역할과 혼동했던 것으로 보입니다. 꼼

꼼한 스티븐 배첼러(Stephen Batchelor)조차도 그의 *티베트 안내서*(*Tibet Guide*)[10]에서 실수를 했습니다. 아마도 호프만(Hoffman)과 스타인(Stein)과 같은 초기 역사가들의 틀린 해석을 물려받은 것 같습니다. 호프만과 스타인은 "쫑카파의 가장 위대한 제자이며 후계자는 그의 조카 겐둔 드룹파였다."라는 잘못된 정보를 제공하고 있습니다.

진실은 상당히 다릅니다. 쫑카파가 통합 운동에서 강조한 것을 보더라도, 그리고 이 운동이 영적 지지와 대중적 지지라는 양쪽 측면 모두에서 그런 높은 수준의 성취를 이룬 여러 이유들 중에 하나가 영적 권위가 세습적으로 이어지는 봉건적인 관행들, 즉 그 당시 더 오래 된 티베트 불교 종파에서는 너무나 흔하게 벌어지던 전통과는 확연히 달랐다는 점에서도 그렇습니다. 새롭게 형성된 겔룩 종파에서 후계자가 되는 기준은 오로지 학문적 뛰어남과 영적 뛰어남뿐이었습니다. 사실 겐둔 드룹파가 중앙아시아 대중들에게 받은 큰 인기는 그가 남쪽 티베트의 외딴 지역에서 빈곤한 반-고아 상태에서 스님 생활을 시작했다는 사실 때문일 수도 있습니다. 아마도 이름 없는 배경이 그의 영적 성취를 더욱 눈에 띄게 만들었을 것입니다.

영적 마스터로서의 겐둔 드룹파의 명성은 빠르게 눈의 나라 전역에 퍼집니다. 더 이상 그는 유목민 태생의 신분이 낮은 스님이 아닙니다. 삶의 후반에는 간단히 탐체 켄파(Tamche Khyenpa, Tib., Thams-cad-mkhyen-pa), 즉 "모든 것을 다 아는 이"라는 이름으로 알려져, 중앙아시아에서 가장 사랑 받는 영적 스승들 중에 한 분의 역할을 하셨습니다. 왕들과 부족 지도자들은 그의 가르침을 받기 위해 절을 올렸고, 가장 높은 라마들도 가르침과 입문(관정)을 받기 위해 그에게 왔습니다.

티베트와 서양의 연(年) 단위를 대응시키는 서양 역사가들의 관례에 따라, 대체로, 겐둔 드룹파의 생은 1391에서 1474년까지라고 말합니다. 사실, 티베트의 신년은 2월의 새로운 달과 함께 시작되기 때문에, (티베트 연의 마지막 몇 주에서 발생하는 일들에 대해서) 가끔씩 문제가 발생합니다. 겐둔 드룹파는 1475년 2월의 새 달 3주 전인 나무 말 해의 12번째 달 팔일 째(반달)에 세상을 떠납니다.

그는 일생 동안 많은 사찰을 지었는데, 그 중에서 가장 중요한 곳은 따시 룽포(Tashi Lhunpo, Tib., bKra-shis-lhun-po)로 남 티베트의 쉬가쩨(Shigatse)라는 마을 근처에 있습니다. 이 사찰은 결국 중앙아시아의 가장 큰 4개 사찰 대학 중에 하나가 되고, 오늘날도 여전히 고전적인 티베트 미술과 건축의 매우 아름다운 예로 남아 있습니다.

그에 대한 주요 전기들 중에 하나인 *전지한 겐둔 드룹파의 경탄할 만한 12가지 행위*(The Twelve Marvellous Deeds in the Life of the Omniscient Gendun Druppa, Tib., mNgo-mtsar-mdzes-pa-bcu-gnyis)는 그의 사망을 다음과 같이 묘사하고 있습니다.[11]

겨울 한 가운데 달의 7번째 날에 그는 둘진파 셈파 첸포(Dulzinpa Sempa Chenpo)와 따쉬 룬포(Tashi Lhunpo)의 여러 위대한 스승들을 당신에게 오라고 했다. 다음은 그가 이들에게 한 말이다.

"깨달음에 이르는 길을 이루고 있는 영적 활동에 힘써라. 너희들과 영원히 머물고 싶지만, 내가 떠날 시간이 가까웠다. 그러나 이것은 애석해야 할 것이 못 된다. 단지 죽음이라는 자연 법칙의 작용일 뿐이다. 내가 세상을 떠난 후에 나를 위해 공들여 예식을 할 필요도 없고 내 유해를 위해 정교한 무덤을 지을 필요도 없다…. 그대들이 내게 충실하고 여기서 행한 내 일이 그대들에게 이익이 되었다고 느낀다면, 내가 떠난 후에 그대들은 따쉬 룬포에 머물러 사찰을 위해 일하고 신성한 불법의 보존과 보급을 위해 힘써야 한다…."

초경(저녁 7시에서 9시 사이)에 그는 가장 높은 요가 탄트라의 발생단계(生起次第) 명상들을 행했다…. 자정에 그는 잠깐 잠이 들었다가, 오경

(오전 3시에서 5시)에 일어나 완성단계(圓滿次第) 요가 명상을 행했다. 여기서 그는 '금강 암송(vajra recitation)'이라고 알려진 탄트라 방식의 호흡 명상 수행에 들어갔고, 이 기법을 방편으로 4가지 공의 요가(yoga of four voidnesses)의 흡수를 확립했다.

이렇게 하여 그의 나이 84세, 나무 말 해의 12번째 달의 8번째 날(반달) 새벽에, 4가지 공 속으로 녹는 외적 증후를 보였고, 정광명 자각(clear light realization)을 보이면서 법신(Dharmakaya, 法身) 지혜의 상태에 머물렀다. 따라서 그의 완전함의 성취는 명백해졌다.

겐둔 드룹파의 사망 후 30일 동안, 즉 신년의 보름 전까지, 완전한 고요함이 이 지역을 덮었다. 지구와 지구의 물들이 따뜻해졌고, 나무 잎들이 얼굴을 아래로 향했다. 하늘은 구름 한 점 없이, 심지어 고요함을 방해하는 새 한 마리조차 없이 완전히 청명했다. 가장 높은 지식을 성취했던 한 성자가 세상을 떠났다는 것을 모두에게 알려주기 위해, 이와 같은 여러 표시들이 세상에 가득했다.

1대 달라이 라마는 다작하는 작가였습니다. 그의 공식 전집(Tib., gSung-'bum)은 두꺼운 책 6권에 이르며 그 안에는 수십 편의 책들이 들어있습니다. 앞에서 언급한 대로, 저는 이들 중에서 빠뜨릴 수 없는 영적 주제들과 관련된 16개를 뽑아 그의 삶과 업적에 대한 제 연구에 포함시켰습니다.

그의 다른 주요 글들은 철학적 추론(pramana), 중관(madhyamaka), 논(abhidharma) 등등과 같은 고전적인 인도 불교가 제시한 철학적인 주제들을 중점적으로 다뤘습니다. 이들 중에 대부분은 오늘날에도 여전히 학습되고 있는데, 나가르주나, 찬드라키르티(Chandrakirti, 월칭月稱), 바수반두(Vasubandhu, 세친世親), 다르마키르티(Dharmakirti, 법칭法稱), 등과 같은 인도인 성자들의 주요 작품들이 포함되어 있으며 고전적인 인도 논서들에 대한 주석서의 형태로 쓰여 있습니다.

그는 또한 율(vinaya), 즉 승려의 생활방식에 대한 글로 특히 유명합니다. 더욱이, 그의 신앙심 깊은 시는 중앙아시아가 배출한 최고의 시로 여겨집니다.

1대 달라이 라마가 돌아가시고 채 1년이 되기 전에 한 아이가 남 티베트에서 태어나 결국 겐둔 드룹파, "모든 것을 다 아는 이"의 환생으로 인정받게 됩니다. 그는 타쉬 룬포 사찰에 다시 복위되었고 성장하여 당대의 가장 위대한 라마들과 영적 스승들 중에 한 분인 걀와 겐둔 갸쪼(Gyalwa Gendun Gyatso, Tib., rGyal-ba-dge-'dun-rgya-mtsho)가 되었습니다. 1542년 세상을 떠날 때까지 그의 명성은 다른 어떤 티베트인 성자의 것보다 더 뛰어났습니다.

그가 세상을 떠난 후에 다른 아이가 겐둔 드룹파의 화신으로 확인되고 복위됩니다. 이는 세 번째 화신, 걀와 소남 갸쪼(Gyalwa Sonam Gyatso)입니다.

"달라이 라마"라는 이름으로 알려지기 시작한 것은 이 세 번째 화신입니다. 첫 번째 두 분은 탐체 켄파(Tamche Khyenpa), 즉 "모든 것을 다 아는 이"라고 불립니다. 걀와 소남 갸쪼는 1578년 몽고를 방문하여 위대한 왕 알탄 칸(Altan Khan)을 지도해달라는 초청을 받습니다. 이 몽고 왕은 3대 달라이 라마의 이름 마지막 부분인 "바다"를 뜻하는 "갸쪼"를 취해 이를 몽고어로 번역했습니다. 이렇게 해서 "탈라이(Talai)"가 되었고, 후에 영국인들에 의해 영어로 "달라이(Dalai)"로 바뀝니다. 티베트인들에게 그는 항상 "탐체 켄파"이었지만, 몽고인들에게 그리고 나중에 중국인들에게, 그리고 최근 몇 세기 동안 서양인들에게 그는 "달라이 라마", 즉 "바다와 같이 (큰) 스승"이 됩니다. 현 화신은 14대입니다.

V. 원문 번역에 대한 노트

몇 년 전에 저는 *마음 닦기 일곱 요점*에 대한 1대 달라이 라마의 두 주석서 중에서 짧은 것을 번역했었고 이를 이 위대한 스승의 삶과 글들에 관한 제 책에 수록했습니다. 이 책에는 그에 대한 연대기는 물론, 여러 필수적인 영적 주제들에 관해 1대 달라이 라마가 쓴 16편의 글이 포함되어 있습니다.

거기에 포함되어 있는 간략한 로종 논서는 1대 달라이 라마가 *일곱 요점*의 원전을 강연한 대중 법문에서 한 제자가 작성한 노트의 형태로 쓰였고 제목이 *영적 변형에 대한 노트* (Notes on Spiritual Transformation, Tib., bLo-sbyong-zin-'bris)입니다. 형식적이지 않고 간결하기 때문에 (더 긴 주석서보다) 모음집에 더 적절하다고 여겼습니다.

그렇지만, 그 후 몇 년에 걸쳐 저는 계속해서 더 긴 주석서로 돌아오게 됩니다. 사랑, 연민, 관습적 보리심(世俗菩提心), 즉 보살의 염원에 대한 명상을 고무시키는 표현은 물론, 그 표현의 명료함, 스타일의 평이함 그리고 미세한 부분까지 신경을 썼다는 점에서 저는 이 글이 지금껏 등장했던 티베트 문헌들 중에 가장 위대한 영적 지위를 차지한다고 느낍니다. 또한 이 주석서는 제가 이런 성격의 모든 작품에서 보아왔던 귀의라는 주제를 가장 철저하게 다루고 있습니다.

1982년에 저는 드레풍 로설링(Drepung Loseling) 사찰의 게쉐이며 저의 라마들 중에 한 분인 자애로운 촘데이 타쉬 왕걀(Chomdzey Tashi Wangyal)과 함께 이 작품의 본문을 읽었습니다. 이 분은 인도 다람살라(Dharamsala) 소재 달라이 라마의 티벳 작품 도서관 겸 문서기록 아카이브(the Dalai Lama's Library of Tibetan Works and Archives)에서 연구 학자로 일하고 계셨습니다. 동 티베트의 캄(Kham) 지역 출신 스님이신 촘데이-라(Chomdzey-la)께서는 아티샤가 가르친 고전적인 까담파 전통과 함께 살아 숨 쉬고 계십니다. 그의 심오한 해설은, 의미의 여러 미묘한 차이들과 중요한 세부 사항들에 빛을 비추고, 1대 달라이 라마님 글에 강한 생명력을 불어 넣었습니다. 그 후 얼마 되지 않아 저는 이를 바탕으로 번역 초고를 준비했습니다.

그렇지만, 그 번역문은 꽤 오랫동안 선반 위에 놓여있어야 했습니다. 그 다음 몇 년 동안 제가 이 원고를 집어 들고 몇 달 정도 조금씩 해보기는 했지만, 초고 번역에서 최종 원고를 만들 시간이나 에너지가 결코 생길 것 같지 않았습니다. 그럼에도 불구하고, 1대 달라이 라마님의 광범위한 로종 주석서는 제 생각에서 결코 멀리 떠나지 않았습니다. 제 마음 속에서는 이 주석서가 불교 고전이 될 자질을 갖추고 있었고, 이것의 초고 번역은 이러한 결실의 씨앗이었습니다. 시간이 지났음에도 불구하고 번역이 결실을 맺도록 하겠다는 의지가 제게 남아있었습니다.

드디어 1990년 봄에, 저는 한 번 더 다람살라에 가게 되었는데, 딱히 할 일이 없었습니다. 제 오랜 라마 친구인 촘데이 타쉬 왕걀 또한 여전히 티베트 도서관의 직원으로 거기에 있었습니다. 저는 그에게 1대 달라이 라마님의 글을 저와 함께 다시 읽어 다듬어지지 않은 부분과 의심되는 점들을 해결할 수 있도록 도와 달라고 말했습니다. 그는 선뜻 동의했고, 우리는 일을 진행시켰습니다.

운이 좋게도 라닥(Ladakh) 지역의 라마 리종 툴쿠(Rizong Tulku)도 그때 달라이 라마님으로부터 어떤 전수를 받기 위해 다람사라에 계셨습니다. 리종 툴쿠는 규메(Gyumey) 탄트라 대학 (Tantric College)과 드레풍 로설링 사찰 양쪽의 이전 주지였고, 로종 문자 전통의 살아있는 가장 위대한 마스터들 중에 한 분으로 여겨집니다. 그는 불확실한 문장들을 해결하는 것을 돕기로 동의했습니다. 1대 달라이 라마님의 글은 500년도 더 된 글이어서 구식 용어와 표현이 많이 들어있습니다. 존경하는 리종 툴쿠는 이들을 어떤 어려움도 없이 저에게 설명해주셨습니다. 저는 매일

8시간 내지 10시간 동안 읽고 재번역하는 이 대담한 시도를 할 수 있었습니다.

최근 몇 년 동안 *마음 닦기 일곱 요점*에 대한 다른 여러 티베트 주석서들이 영어로 번역되었습니다. 하지만 제가 알고 있는 한, 1대 달라이 라마님의 이 주석서가 가장 자세합니다. 로종 전통의 수행자들에게뿐만 아니라, 티베트 불교를 배우는 서양 학생들에게 이 주석서의 가치가 증명되기를 소망합니다.

VI. 끝맺는 말

이어지게 될 1대 달라이 라마님의 글, *대승의 길에서 마음 닦기* (*Training the Mind in the Great Way*)는 쓰인 지 500년도 더 되었습니다. 게다가, 이것은 그보다 400년 전에 티베트에 들어온 영적 유산에 대한 주석서로 써졌습니다. 그렇기 때문에 상당히 오래 된 것이어서, 독자들이 그 즉시 파악할 수 없을지도 모르는 용어와 상징으로 말합니다.

그럼에도 불구하고 이 글에는 어느 시대의 사람들에게나 적용되는 훌륭한 메시지가 들어있습니다. 형식을 넘어 본질적인 내용을 볼 수 있다면, 그 중요성과 타당성이 여러 세기가 지났음에도 불구하고 감소되지 않았음을 알 수 있습니다. 또한, 이 글이 우리에게 계발하도록 요구하는 영적 특성들, 예를 들어 삶이 깨지기 쉽고 소중하다는 인식, 정신을 차리고 모든 행동을 해야 한다는 인식, 사랑과 친절을 다른 이들에게까지 확장할 필요가 있다는 인식은 현 시대에 더욱더 필요합니다. 이러한 영적 특성들은 만족할 줄 모르는 집착을 완화시키는 지혜와 결합되어 우리를 더 나은 그리고 더 조화로운 인간 존재로 만들 것입니다. 그리고 우리 자신이 이렇게 향상되기 때문에 우리의 삶도 그리고 더 나아가 세상도 향상될 것입니다.

1대 달라이 라마님의 메시지를 명확하게 듣기 위해서는 그가 우리에게 말하고 있는 듯이 글을 읽어야만 합니다. 우리의 가슴과 마음은 열되, 상상은 멈춰야 합니다. 그렇게 읽음으로써 우리는 우리 자신의 세계와 고대 티베트라는 두 세계의 교차로에 앉게 됩니다.

티베트에서는 머리가 두 개 달린 새가 번역가의 상징입니다. 이 새는 자기 뒤를 볼 수 있어 자신이 온 땅을 돌아볼 수 있고, 앞을 볼 수 있어 새로운 세계를 볼 수 있다고 합니다. 그리고 이 새는 살아있는 생명체이기 때문에, 이 두 현실을 이을 수도 있습니다.

번역된 외국 문화의 글을 바로 이해하고, 즐기고, 완전한 이익을 얻기 위해서는, 머리가 둘인 새처럼 외국의 이미지와 상징들을 우리 자신의 삶과 경험에 상응하는 것으로 번역해야만 합니다.

의심할 여지없이 이것은 독자에게 상당한 노력을 요구하는 다소 도전적인 작업입니다. 그러나 그렇게 노력하는 사람은 그 보상을 경험하게 됩니다. 시간의 장벽을 허무는 능력을 얻을 것이고 어떠한 인종적인 장벽 또는 문화적 장벽도 경험하지 않게 됩니다.

글렌
오셀 링 명상 센터
미줄라, 몬타나(Missoula, Montana)

머리말

명상 붓다 이담들[1]과
사실상 조금도 떨어질 수 없는
영적 마스터들에게 경의를.

"대승의 길에서 마음 닦기"[1] 라는 이 전통은 존경스런 법맥의 근원에 대한 개요, 이 전통의 위대함, 실제 가르침이라는 세 가지 제목으로 제시됩니다.

I. 존경스런 법맥의 근원

이 전통에 대한 건전한 존경심을 수행자들에게 불러일으키기 위해 밝히는 로종 가르침의 정확한 근원은 다름 아닌 저명한 아티샤 자신입니다. 아티샤는 세 가지 로종 전수 법맥을 받았습니다. 하나는 (인도네시아인) 마스터 셀링파로부터, 다른 하나는 (인도인) 마스터 마이트리요기로부터, 세 번째는 그의 (인도인) 구루 다르마락쉬타로부터 받았습니다.[2]

여기에서 다룰 전통은 "감로수의 본질(The Essence of Nectar)[3]"로 알려져 있습니다. 이것은 자기 소중히 여기기를 타인 소중히 여기기로 바꾸는 기법들을 통해 대승의 길에서 마음을 닦는 구두 전통의 가르침이며,

---

1) Yidam. 명상의 대상으로 사용되는 전적으로 깨달은 존재.

아티샤가 그의 스승 셀링파로부터 받은 로종 전통입니다.

이는 원전에 다음과 같이 명시되어 있습니다.

**본질적이고, 감로수 같은 이 구술 가르침은
신성한 셀링파로부터 온 법맥이다.**

다시 말해, 이 법맥은 석가모니 부처님에게서 시작되어 한 세대에서 다음 세대로 전해져 내려와 결국 마스터 라마 셀링파에게 이르렀습니다. 셀링파는 이 법맥을 아티샤에게 전달했고, 아티샤는 이를 티베트로 가져옵니다. 그리고 그로부터 다양한 법맥으로 전달됩니다. 저 자신은 이 로종 가르침들 중에서 네 가지를 전수받았습니다.

첫 번째는 저의 소중한 근본 구루이신 신성한 라마 드룹파 쉐랍(Druppa Sherab, Tib., Grub-pa-shes-rab)[4]에게서 받았고, 두 번째는 첸가 소남 룬드룹(Chənnga Sonam Lhundrub, Tib., sPyen-snga-bsod-nams-lhun-grub-pa)에게서 받았습니다. 세 번째는, 셈파 첸포 걀세파(Sempa Chenpo Gyalsepa, Tib., Sems-pa-chen-po-rgyal-rses-pa)에게서 라마 툭제 파와(Tukje Pawa, Tib., bLa-ma-thugs-rje-dpa'-ba)로 전해져 내려온 법맥을 받았습니다. 네 번째로, 보살 라마 체카와(Chekhawa, Tib., Byang-sems-'chad-kha-ba)[5]로부터 내려온 구두 전통을 전수받았습니다.

이 네 번째 법맥은 (샨티데바의) *보살의 길에 대한 안내* (*A Guide to the Bodhisattva Ways*, *입보리행론*)[6]의 명상에 대한 장에 적혀있는 대로, 자기 소중히 여기기를 모든 중생에 대한 보편적인 배려로 변형시키는 방편에 바탕을 두고 있습니다.

이 법맥은 라마 쫑카파, 즉 저명한 제 린포체(Je Rinpoche, Tib., bLa-ma-rje-rin-po-che)에게 전달됩니다. 간덴(Ganden) 사찰[7] 초창기에, 이 저명한 마스터는 올카(Olkha) 산맥[8] 안에 있는 호랑이 봉우리(Tiger's Peak)를 방문해, 거기에 머무르는 동안 이들 가르침들을 간덴 장쩨(Ganden Jangtse, Tib., dGa'-ldan-byang-rtse) 사찰[9] 의 라마 남카 팔덴파(Namkha Paldenpa, Tib., bLa-ma-nam-mkha'-dpal-ldan-pa)에게 전달합니다. 저는 이를 전수받았습니다.

여기서 다루는 전통은 이들 법맥들 중에 네 번째입니다.

II. 전통의 위대함

수행자들에게 존경과 영감을 불러일으키기 위해 이 전통의 위대함이 표현되어 있습니다. 여기서 원전은 다음과 같이 말합니다.

다이아몬드, 태양, 약효가 있는 나무처럼
이 글과 이 글의 본질적인 요점들이 이해되어야만 하네.

여기에서 사용된 이미지들 중에 첫 번째는 다이아몬드 이미지인데, 이는 우리들이 이 책 속의 글들을 이 비범한 보석의 놀라운 성질들을 지닌 것으로 여겨야만 한다는 뜻입니다.

다이아몬드에는 4면이 있고, 이를 쪼갠 다이아몬드 조각에도 4면이 있으며, 이 면들의 각각은 보통의 금으로 된 그 어떤 장식의 광채보다 더 빼어나게 아름다운 빛을 반사합니다. 더욱이, 이 귀중한 보석의 작은 조각들조차 여전히 "다이아몬드"라고 불리며, 극심한 빈곤을 구제할 수 있습니다.

마찬가지로, 이 가르침 중에 단지 한 문장이라도 그 속에 담긴 본질적인 지혜를 자신들의 마음흐름(mind-stream) 속에 일으키는 수행자들은 그 위대함에 있어 성문들[2] 또는 독각들[3] (과 같은 소승 수행자들[4])보다 더 뛰어납니다.[10] 비록 굉장한 보살 행위들을 행할 수는 없다고 해도, 이들은 보살[11]로 알려집니다. 이들이 얻은 통찰력은 세상의 영적 빈곤을 즉각적으로 해소하기 시작합니다.

두 번째로, 이 글의 의미는 태양과 같은 것으로 이해해야만 합니다. 한 줄기 태양 빛은 대륙 전체의 어둠을 제거하는 힘을 갖고 있어, 태양의 출현은 새벽을 알립니다. 마찬가지로, 이 가르침의 일부일지라도, 자각이 수행자의 마음흐름 내에 생길 때, 자기를 소중히 여기는 부정적인 습관(악습)과 같은 무명과 정신적 왜곡이라는 질병을 제거할 수 있는 힘이 생깁니다. 이 경험은 또한 완전한 자각의 도래를 예고합니다.

이 전통의 말씀과 그 의미는 약효가 있는 나무로 여겨야만 합니다. 약효가 있는 나무 전체로 만든 약에도 질병을 치료하는 능력이 있으며, 이 나무의 특정 부분으로 만든 약에도 치료 능력이 있습니다. 마찬가지로, 이 전통 전체가, 자기를 소중히 여기는 태도에 바탕을 두고 있는 미혹된 마음과 왜곡된 마음이라는 질병을 제거하는 방법은 물론 가장 높은 지식을 가리고 있는 무명이 만든 질병을 제거하는 방법 또한 보여줍니다. 이 가르침의 모든 부분 부분들이 이 같은 기능을 지녔습니다. 이 전통 전체를 흡수해도 이러한 치유 능력을 갖게 되고, 이 전통에서 어느 한 특정 측면만을 흡수해도 또한 그러합니다.

---

2) 들어서 깨달음을 얻은 이, shravakas.
3) 혼자서 깨달음을 얻은 이, pratyekabuddhas. 원어의 문자 그대로의 뜻에 따르면, 다른 이의 가르침에 의하지 않고 스스로 깨달은 이를 뜻하는 독각(獨覺)으로, 음역하여 벽지불(辟支佛)로, '12연기를 관찰하여 깨달음을 증득한 이'라는 연각(緣覺)으로 번역할 때도 있다.
4) 히나야나(Hinayana, 小乘)

Ⅲ. 실제 가르침

실제 가르침은 일곱 요점으로 주어집니다. 즉, 예비단계; 두 가지 형태의 보리심(bodhichitta, 깨달은 마음)을 계발하는 방법에 대한 가르침인 마음 닦기에 관한 실제 수행; 부정적인 상황들을 깨달음에 이르는 길에 도움이 되도록 변화시키기; 한 생 동안의 수행에 관한 교리; 마음 닦기의 진전에 대한 표시; 이 전통의 약속; 수행자들에게 주는 일반적 조언입니다.

예비 단계

대승의 길에서 마음을 닦기 위한 이 전통의 일곱 요점들 중에 첫 번째는 예비 단계입니다. 여기서 원전은 다음과 같이 말합니다.

가장 먼저 예비 수행을 닦아라.

이에는 1) 마음흐름에 축복을 자리잡게 하기 위한 방편인 구루요가(guruyoga) 명상, 그리고 2) 자신을 준비시키고 실제 교육을 받을 만한 그릇으로 만드는 방편이라는 두 가지 단계가 있습니다.

1.1 구루요가 명상

우리의 영적 유산의 창시자, 위대한 석가모니 부처님께서는[12] 모든 중생들에게 가장 큰 이익을 주기 위해 가장 높은 깨달음을 성취하고자 하는 이타적인 염원을 먼저 일으키셨습니다. 그러고 나서 무수한 세월인 세 억겁 동안 긍정적인 에너지와 지혜를 쌓으셨습니다. 마침내 금강좌(Diamond Seat)에서 전지(全知)한 붓다의 경지를 완벽하게 완성하셨습니다. 그리고 가르침을 받을 이들을 위해 다르마(Dharma, 불법)의 8만 4천 양상을 가르치셨습니다.

부처님의 모든 가르침은 소승, 즉 작은 탈것이라는 범주와 대승(Mahayana), 즉 큰 탈것[13]이라는 범주, 둘로 통합됩니다.

1. 예비단계들 **49**

이들 탈것들 중에 첫 번째(소승)에서 부처님은 자아(self)가 정말로 존재한다고 믿는, 자아에 대한 그른 믿음을 초월하여 완성되는 니르바나(nirvana, 열반), 즉 윤회하는 삶으로부터의 해방을 성취하는 방편을 드러내셨습니다. 여기(소승)에서는 나에게 집착하는 무지를 제거하는 방편이 강조되고, 따라서 자기를 소중히 여기는 태도를 제거하는 방편에 대한 언급은 거의 없었습니다.

두 번째 범주의 가르침인 대승의 범주에서 부처님은 자기를 소중히 여기는 태도를 제거하고 이를 보편적인 사랑과 연민으로 대체하는 방편을 주로 강조하셨습니다. 여기(대승)에서는 모든 중생들에게 이익을 주는 방편으로 완벽하고 완전한 붓다의 경지를 자각하는 것이 목표입니다.

이 두 탈 것 중에 어느 하나를 수행하기 위해서는 자격을 갖춘 스승에게 의지하는 것이 중요합니다. 특히, 대승 방법을 완성하기 위해서는 대승의 길에서 성취를 이룬 마스터 밑에서 배우는 것이 중요합니다.

영적 마스터 밑에서 배우는 올바른 방식은 스승을 평범하게 보는 사고방식을 벗어나서, 스승을 실제 붓다(Buddha, 깨달은 이)로 보는 법을 배우는 것입니다.[14] 또한 스승의 가르침을 통합하는 법을 배워야만 합니다.

구루요가 명상을 하는 데에는 여러 방식이 있습니다. 잘 알려진 한 가지 방식에서는 여러분 앞 공간에, 깨달음의 8마리 사자들이 떠받치고 있는 보석으로 장식된 법좌에 구루가 앉아있는 모습을 상상합니다. 스승은 모든 붓다들과 보살들뿐만 아니라 모든 법맥 구루들에 의해 둘러싸여 있습니다. 이들은 모두 스승 속으로 녹아 들어가고, 스승은 모든 깨달은 존재들의 나툼(화신)이 됩니다.

두 번째 방법은 여러분의 머리 위에 스승이 자리에 앉아있다고 상상하는 것입니다. 때로는 스승의 머리 위에, 석가모니 부처님이 꼭대기에 계신 (그리고 그 아래로 이 가르침이 계속 이어져 전달된 각 세대를 대표하는) 한 줄의 법맥 구루들이 있다고 상상하기도 합니다. 아니면, 법맥 구루들, 붓다들, 보살들이 스승을 둘러싸고 원을 그리고 앉아 있는 것으로 시각화할 수도 있습니다.

구루의 크라운(crown), 목, 가슴[1])에는 각각 하얀 **옴**(OM), 빨간 **아**(AH), 파란 **훔**(HUM)이 있습니다.[15] 빛들이 파란 훔으로부터 앞으로 뿜어져 나와 모든 법맥 구루들, 붓다들, 보살들, 성문들, 독각들, 불법 수호신들(dharmapalas), 수호신들을 불러옵니다.

옴 사르바 타타가타 아르감 프락틱차 훔 스바하(OM SARVA TATHAGATA ARGHAM PRATICCHA HUM SVAHA)[16] 만트라와 함께 두 가지 물과 다섯 가지 감각 대상물을 바칩니다. 그리고 나서 만트라 음절 **자 훔 밤 호**(JAH HUM BAM HOH)[17]를 말하면서 불러낸 모든 존재들이, 즉 법맥 구루들, 붓다들, 보살들은 스승의 몸의 상체로, 그리고 성문들, 독각들, 불법 수호신들, 수호신들은 스승의 하체로 녹아 들어가는 모습을 상상합니다.

이런 식으로 구루의 환영을 점진적으로 모든 신성한 존재들의 나툼으로 일으키는 명상을 할 수 있습니다. 또는 명상을 시작할 때부터 구루가 이미 모든 신성한 존재들의 나툼이라고 생각할 수도 있습니다.

저는 후자의 전통을 따르는 간단한 명상 기법을 설명할 것입니다. 여러분의 머리 꼭대기 위에, 8마리 큰 사자들이 떠받치고 있는 보석으로 장식된 법좌의 모습을 상상하십시오. 이 법좌는 매우 크고 넓으며, 그 위에는

---

1) 이는 각각 차크라를 지칭한다. 크라운 차크라의 위치는 가상의 수평선이 눈썹 사이 정 중앙을 통과하여 수직의 중앙 채널과 만나는 지점(뇌 중앙)에 있다고 상상한다.

달 디스크(disk)와 함께 여러 색깔의 연꽃으로 이루어진 명상 방석이 있습니다. 거기에 아미타바 부처님의 모습을 한 여러분의 근본 구루가 앉아 계십니다. 구루의 몸은 붉은 색이고, 다리는 금강 자세로 결가부좌를 했으며, 두 손은 명상의 무드라(손짓)를 한 채 무릎에 포개져 있습니다. 몸은 깨달음의 모든 주요 표시들[2] 그리고 보다 덜 중요한 표시들[3]로 장식되어 있습니다. 그의 말은 60개의 듣기 좋은 특색들로 장식되었고, 그의 마음은 사랑, 연민, 깨달음의 자세, 모든 지식 대상들의 다양성과 최종적인 본성(nature) 모두를 보는 지혜를 지녔습니다. 그는 기쁨으로 미소 지으며, 흐뭇하게 여러분을 계속 보라보고 계십니다.

처음부터 스승이 모든 구루들, 모든 명상 신들[4], 모든 붓다들, 모든 불법 수호신들의 나툼임을 기억합니다. 그러고 나서 앞에서 설명한 대로, 만트라 아르감(ARGHAM) 등과 함께 두 가지 정화하는 물들과 다섯 가지 감각 대상을 바칩니다.

그 다음, 다음과 같은 칭송의 시를 암송합니다.

**친절로 인해 구루가
최고로 위대한 더 없는 행복의 영역에서 즉시 나타나셨네.
오, 소중한 영적 마스터, 저는 그대의 금강(vajra) 발 아래
연꽃에다 경의를 표합니다.**

그러고 나서 일곱 갈래 바침[5]과 우주적 (만다라) 바침을 암송하는 것이 바람직합니다. 이들 중 전자를 위한 훌륭한 예식문은 *보현보살의 염원* (*The Aspiration of Samantabhadra*)[18]에서 찾을 수 있습니다. 이는 다음과 같습니다.

---

2) 뚜렷해서 보기 쉬운 32가지 상(相). <출처: 네이버 국어사전>
3) 미세해서 보기 어려운 80가지의 호(好). <출처: 네이버 국어사전>
4) Meditation deities. 本尊.
5) 칠지공양(七支供養).

오, 살아있는 존재들 중에 사자들(lions),
과거, 현재, 미래의 붓다들,
시방(十方) 속에 존재하는 것만큼이나 많은 그대들에게
저는 몸, 말, 마음으로 예배합니다.

고귀한, 지고의 방식들을 찬양하는
이 강력한 칭송의 제왕의 파동으로,
세상의 원자들만큼이나 많은 몸으로
저는 공간 어디에나 계신 붓다들에게 예배합니다.

모든 원자들 위에는
셀 수 없이 많은 보살들 한가운데에
붓다가 앉아 계십니다.
신령스런 존재들의 이 무한한 영역을
저는 믿음의 두 눈으로 가만히 바라봅니다.

완벽한 붓다들을 찬미하는
온갖 가능한 소리의 바다들로,
이 분들의 훌륭한 특성들을 표현합니다.
더 없는 행복으로 건너가신 이들을 환호하며 맞이합니다.
꽃으로 된 목걸이를 이들에게 바칩니다.
그리고 아름다운 소리, 최고의 향수,
버터 등불, 신성한 향(incense)을
모든 깨우친 이들에게 바칩니다.

훌륭한 음식, 최고의 향기,
수미산(須彌山, Meru)처럼 높이 쌓인 많은 양의 가루를
신령스런 형태로 배열하여
자신들을 정복한 이들에게 바칩니다.

더 없는 행복으로 건너가신 이들에 대한 감탄 속에
비할 데 없는 이 모든 공양물들을 들어 올립니다.
고귀하고 지고한 방식에 따라,

절하고 붓다들에게 바칩니다.

집착, 화, 무지[6]에 의해 오랫동안 압도되어,
몸, 말, 마음의 행위로
저는 셀 수 없이 많은 부정적인 행위를 저질렀습니다.
이제 이들 모두를 각각 참회합니다.

붓다들과 보살들, 배움 속에 있는
그리고 그 너머에 있는 아라한들의 완전함에,
그리고 모든 중생들의 잠재력에
저는 희망을 갖고 기뻐합니다.

오, 시방으로 나아가는 빛이여,
깨달음의 단계를 발견한 붓다들이여,
그대들 모두에게 저는 이 기도를 바칩니다.
비할 데 없는 불법의 바퀴를 돌리소서.

최종 열반에 들어가지 마시고
중생들의 이익을 위해 애써주소서.
먼지 입자들만큼 많은 억겁들 동안
우리와 함께 하시며 우리를 가르쳐주시길 기도합니다.

절하기, 공양물 바치기, 참회, 기뻐하기,
붓다들에게 남아서 불법을 가르쳐 달라고 요청하여
제가 축적한 공덕이
그 얼마나 작든지 간에,
이제 이 모두를
최고의 그리고 완전한 깨달음에 바칩니다.

  그리고 나서 긴 우주 (만다라) 바치기나 짧은 우주 (만다라) 바치기 중에 하나를 암송합니다. 짧은 버전은 다음과 같습니다.

---

6) 탐진치

꽃, 향, 좋은 냄새가 나는 물을 바르고
산맥의 왕, 네 방향의 대륙들, 태양과 달로
장식된 만다라 기반(base)을
깨달은 이들의 장(場)으로 바칩니다.
모든 존재들이 이 순수한 영역을 즐기시기를.[7]

근본 구루가 모든 깨달은 존재들의 나툼임을 떠올리면서, 이제 그대의 근본 구루의 모습을 상상하는데 집중합니다. 윤회하는 삶에서 발견되는 끔찍한 고통에 대해 우려하며, 이 영적 마스터가 그대를 이 고통 너머로 안내할 수 있는 능력을 지녔다는 확신을 불러일으킵니다. 미래에 어떤 일이 닥칠지라도, 그것이 행복이든지 곤경이든지 간에, 사정이 좋든지 나쁘든지 간에, 해탈과 깨달음을 바라는 그대에게 큰 희망을 주는 사람은 다름 아닌 그대 자신의 소중한 영적 스승임을 숙고합니다.

이렇게 생각하면서 다음과 같은 귀의문을 암송합니다.

소중한 붓다인 구루에게 귀의합니다.
소중한 붓다인 불법 마스터에게 귀의합니다.
법신(法身, Dharmakaya)인 구루에게 귀의합니다.
보신(報身, Sambhogakaya)인 구루에게 귀의합니다.
최고의 화신(化身, Nirmanakaya)인 구루에게 귀의합니다.

이런 식으로 구루를 향해, 단순한 말에 머물지 않는, 귀의하는 느낌을 일으킵니다.

그러고 나서 그에게 다음과 같이 간청합니다.

---

7) 만달라 바치기 또는 만달라 공양. 우주를 붓다가 계시는 곳으로 변형시키고 이를 깨달음에 바치는 예식적인 상징이다.

오, 소중한 마스터, 저는 모든 붓다들의 나툼인 당신을 부릅니다. 오, 소중한 마스터, 저는 놀라운 영적 가르침들의 원천인 당신을 부릅니다. 오, 소중한 마스터, 세 가지 세상(三世)의 모든 중생들의 최고 안내자인 당신을 부릅니다. 오, 소중한 마스터, 제 귀의와 희망의 원천인 당신을 부릅니다.

마음의 모든 왜곡된 상태를 초월하도록 제게 영감을 주소서. 마음의 모든 맑은 상태를 낳도록 제게 영감을 주소서. 두 가지 보리심의 자각을 낳도록 제게 영감을 주소서. 제 마음흐름을 축복하시어 이생에서, 죽음에서, 죽음과 환생 사이의 중간 상태[8]에서, 그리고 모든 미래생에서도, 두 가지 보리심이 제 안에서 약해지지 않고, 항상 계속해서 증가하여 드러나게 하소서. 일어나는 어떤 어려움과 장애들도 두 가지 보리심을 계발하도록 저를 도우러 오는 친구로 여기는 힘을 제게 주소서.

그대의 두 눈이 눈물로 가득 차고, 몸에 털들이 전율하기 시작하여, 거의 가만히 앉아 있을 수 없을 때까지, 그대의 가슴 가장 깊은 곳에서부터 이 간청을 여러 번 올립니다. 그러고 나서 구루의 크라운[차크라]에서 하얀 빛 줄기가 앞으로 나오는 모습을 상상합니다. 이 빛줄기가 그대의 크라운[차크라]으로 와서 그대의 몸을 관통해 아래로 내려갑니다. 이렇게 해서 구루의 신성한 몸이라는 축복의 물결이 그대에게 내려지고 육체적 행동에 의해 전생에서 축적했던 모든 부정적인 업들(karma)이 정화됩니다.

이제 한 줄기 붉은빛이 구루의 목에서 앞으로 비춰집니다. 여러분의 목으로 녹아 들어옵니다. 이것은 구루의 신성한 말이라는 축복의 물결을 그대에게 내리고 말의 행위라는 수단에 의해 전생에서 축적했던 모든 부정적인 업들을 정화합니다.

---

8) 바르도, 中有, 中陰.

그 다음, 한 줄기 푸른빛이 구루의 가슴에서 앞으로 비춰집니다. 여러분의 가슴으로 녹아 들어옵니다. 이것은 구루의 신성한 마음이라는 축복의 물결을 그대에게 내리고 마음이라는 수단에 의해 전생에서 축적했던 모든 부정적인 업들을 정화합니다.

마지막으로 하얀, 붉은, 파란 빛 줄기들이 구루의 크라운, 목, 가슴에서 동시에 앞으로 나와 그대의 크라운, 목, 가슴으로 녹아 들어옵니다. 이들은 그대에게 온갖 축복을 내리고 몸, 말, 마음이라는 수단에 의해 전생에서 축적했던 모든 부정적인 업의 씨앗들을 이들의 본능과 함께 정화합니다.

그러고 나서 귀의의 시로 시작하여 위 과정의 단계들을, 간청의 마지막 부분까지 반복합니다.

마지막에는, 구루가 빛으로 된 아주 작은 공(ball) 속으로 녹아 들어가는 모습을 상상합니다. 이 빛은 이제 그대의 머리 꼭대기 구멍을 통해 그대의 몸으로 들어와 가슴으로 내려옵니다. 여기서 이 빛은 그대의 의식 흐름과 합쳐집니다.

이와 같이, 그대 자신의 마음과 구루 사이의 뗄 수 없는 본성에 대한 일념 명상 속에서 오래 머뭅니다.

1.2 자신을 실제 가르침을 받을 만한 그릇으로 만들기

이 두 번째 예비단계 수행에는 숙고해야 할 네 가지 주제, 즉 1) 여덟 가지 자유와 열 가지 타고난 행운[9]으로 축복받은 인간 삶의 소중함, 2) 죽음과 무상(無常, impermanence), 3) 원인과 결과의 인과 법칙, 4) 윤회하는 삶의 불만족스런 본성이 있습니다.

1.2.1 인간 삶의 소중함

여덟 가지 자유와 열 가지 타고난 행운으로 축복받은 인간 삶의 소중함과 희귀함은 네 가지 방식으로 숙고합니다.

1.2.1.1 자유와 타고난 행운들의 성격

이것은 여덟 가지 자유와 열 가지 타고난 행운이 무엇인지를 정확히 생각해내고 그 가치를 제대로 알아야 된다는 의미입니다.

여덟 가지 자유는 여덟 가지 영적 결핍 상태를 넘어선 환생을 말합니다. 이들 상태 중에 네 가지는 인간과 관련이 없는 것이고, 나머지 네 가지는 인간과 관련 있는 것입니다.

결핍 상태를 말할 때 네 가지 비인간 상태들 중에 첫 번째 세 가지는 어쩔 수 없는 업과 무명의 힘들에 의해 세 가지 낮은 세계, 말하자면, 지옥세계, 귀신세계, 동물세계 중 하나에 태어나는 것을 말합니다. 네 번째는 업과 무명에 의해, 과도한 감각적인 탐닉으로 방해를 받는 천상의 세상(欲界天), 혹은 분별력이 없는 천상, 혹은 형태가 있는 낙원(色界天) 또는 형태가 없는 낙원(無色界天)과 같은 더 오래 사는 천상계에 태어나는 것입니다.

---

9) 8가지 온전한 인간의 조건(八有暇)과 열 가지 바른 시공간의 인연(十圓滿).

인간 영역의 네 가지 결핍에 대해 말하자면, 어떤 붓다도 세상에 출현하지 않은 시대에 태어나는 것, 비록 붓다가 출현하기는 했지만, 그의 네 가지 가르침의 바퀴가 결코 도달할 수 없는 외진 곳에 태어나는 것, 깨달음 관련 가르침들이 널리 퍼져 있는 땅에 태어나기는 했지만, 귀머거리나 벙어리로, 아니면 온전하지 못한 정신 기능을 지닌 채 태어나는 것과 같은 심각한 육체적 또는 정신적 장애가 있는 걸 뜻합니다. 마지막으로, 불법의 중심지에 태어나고 모든 기능들이 손상을 입지는 않았지만, 원인과 결과의 카르마 법칙을 제대로 이해하지 못하는 것과 같은 영적 성장과 반대되는 견해에 강력하게 사로잡혀, 영적으로 정체되어 있음을 뜻합니다.

이들 후자의 네 가지는 이런 상태로 태어나게 되면 어떤 사람도 자유롭게 신성한 불법을 닦을 수 없기 때문에 결핍 상태라고 불립니다. 처음 세 경우에는 불법과 불법이 아닌 것을 구분하는 지식이 없는 것입니다. 네 번째 경우에는 단순히 영적 지식을 쌓을 뜻이 없는 것입니다.

열 가지 타고난 행운에 대해 말하자면, 이들 중에 다섯 가지는 "개인적"이라고 불리고 나머지 다섯 가지는 "환경적"이라고 불립니다. 이 다섯 가지 타고난 개인적 행운은 (나가르주나의 문장 속에) 다음과 같이 제시되어 있습니다.[19]

인간으로, 불교 중심 지역에 태어나는 것,
모든 감각 기능에 손상을 입지 않는 것,
어떤 끔찍한 업도 저지르지 않는 것,
영적 탐구에 대한 뜻을 가지는 것,
이것이 인간과 관련된 타고난 다섯 가지 행운이라네.

다시 말해서, 다섯 가지 타고난 개인적 행운은 (1) 인간 존재로 태어나는 것, (2) 불교 중심 지역, 즉 깨달음 가르침들이 번창하는 곳에서 사는 것, (3) 보고 듣는 것과 같은 모든 감각 기능들이 정상인 것, (4) 자기 어머니, 아버지를 살해하는 것 등의 다섯 가지 속죄할 수 없는 죄[10] 같은 끔직한 행위를 저지르지 않는 것, (5) 세 가지 더 높은 수행[11]이라 불리는 따라야 할 지침, 명상적 몰입, 그리고 지혜의 본성을 설명하는 삼장(三藏)과 같은 영적 지식 대상들에 관심과 확신을 갖는 것입니다.

이들 다섯 가지는 우리를 영적인 길을 따라 수행하도록 만들며 존재의 개별 의식흐름에 직접 연결되어 있기 때문에 '타고난 개인적 행운'이라고 불립니다.

두 번째 묶음은 다섯 가지 타고난 환경적 행운이라고 알려져 있습니다. 이 또한 (나가르주나의) 시에 제시되어있습니다.

붓다가 오셨다는 것, 불법이 가르쳐져 왔다는 것,
가르침들이 남아있다는 것, 수행자들이 존재한다는 것,
다른 이들의 자비로운 배려를 받는다는 것,
이것이 다섯 가지 타고난 환경적 행운이라네.

다시 말해, (1) 붓다가 세상에 출현하셨다. (2) 붓다가 신성한 불법을 가르쳐 왔다. (3) 붓다의 가르침이 여전히 세상에 남아 있다. (4) 붓다의 가르침을 완성한 수행자들이 여전히 세상에 남아있다. (5) 불법을 수행할 때 영적 친구들의 자비로운 배려와 지원을 받는 것입니다.

이들 다섯 가지는 우리로 하여금 불법을 수행하도록 만들며 우리 자신의 존재의 흐름 이외의 현상과 바로 연결되어 있기 때문에, '타고난 환경적 행운'이라고 불립니다.

---

10) 오역五逆. 다섯 가지 악행. 대승과 소승에서 말하는 오역죄 항목은 서로 다르다.
11) 삼학三學(계戒, 정定, 혜慧).

1.2.1.2 이들의 놀라운 가치

숙고해야 할 두 번째 주제는 여덟 가지 자유와 열 가지 타고난 행운에 의해 축복받은 인간 환생이 대단한 가치를 지녔다는 것입니다.

이는 궁극의 목표를 성취하는 능력, 그리고 일시적 목표들을 달성하는 능력이라는 두 가지 맥락에서 설명됩니다.

이들 중에 첫 번째에 더해서 말하자면, 여덟 가지 자유와 열 가지 타고난 행운에 의해 축복받은 인간 환생은 모든 것을 다 아는 전지(全知)한 붓다의 경지와 최종적 해탈, 즉 니르바나(nirvana, 열반) 둘 다를 이룰 수 있는 엄청나게 소중한 것입니다.

이러한 성취들 중에 첫 번째인 전지는 자유와 행운을 갖고 태어난 인간만이 성취할 수 있습니다. 그 어떤 다른 형태의 생명체들도 이 성취를 이루는데 적합하지 않습니다.

성취들 중에 두 번째인 해탈과 관련해서는, 인간의 모습을 가졌을 때 적어도 (공에 대한) 통찰의 길 정도는 성취해야만 합니다. 그렇게 한 다음에라야, 자유와 타고난 행운으로 축복받은 소중한 인간 환생에서 성취한 것들을 바탕으로, 다른 형태의 삶에서도 이 길을 계속해서 갈 수 있습니다.

또한 소중한 인간 환생은 일시적인 이익을 달성하는 데에도 효과가 뛰어납니다. 관습적(세속적) 차원에서 우리들은 행복해지기 위해 건강한 몸, 좋은 친구, 기본 생필품, 기타 좋은 조건들을 필요로 합니다. 이들은 지침대로 살기, 너그러운 마음 기르기, 인내 수행하기 등등을 통해 얻게 됩니다. 이러한 가치들을 내면화하는 가장 좋은 방법은 자유와 타고난 행운으로 축복받은 소중한 인간으로 태어나는 것입니다.

1.2.1.3 이들의 희귀성

숙고의 세 번째 주제는 자유와 타고난 행운으로 축복받은 소중한 인간 환생을 얻기가 쉽지 않다는 것입니다. 우리는 원인과 특성 둘 다를 숙고하여 이러한 삶이 극히 희귀하다는 것을 제대로 이해할 수 있습니다.

소중한 인간 환생을 낳게 되는 주된 원인은 자기 스스로 계를 지키는 힘을 기르는 것인데, 중생들은 이에 거의 주목하지 않습니다. 역으로, 낮은 환생의 원인은 계를 지키는 힘의 부족과 그 결과 일어나는 부정적인 행위들인데, 중생들은 이를 거의 지속적으로 행합니다.

희귀성에 대한 숙고에서 우리는 낮은 영역에 있는 존재들과 비교해 볼 때 높은 영역에 있는 존재들의 수가 얼마나 적은지를 깨달아야만 합니다. 인간 세상에서조차, 역사를 통해 볼 때 매우 적은 수의 인간들만이 여덟 가지 자유와 열 가지 타고난 행운 모두를 지니는 축복을 받습니다.

1.2.1.4 왜 이들의 정수를 얻어야 하는가?

네 번째 주제는 '자유와 타고난 행운에 의해 축복받은 우리 인간 삶의 정수를 왜 얻어야 하는가?' 입니다. 매우 희귀하고 뜻깊은 인간 모습을 얻은 이생에서 우리는 이 인간 삶의 정수를 얻으려 애써야만 합니다. 우리가 얻어야 할 최고의 정수는 완벽한 깨달음의 상태, 즉 완전한 붓다 경지를 성취하는 것입니다.

소중한 우리 인간 삶의 정수를 얻기 위해서 우리는 반드시 우리의 영적 상황의 본질을 올바로 이해해야만 합니다. 특히, 우리는 다음 네 가지 사실을 깊게 생각해야만 합니다.

첫 번째는 우리 모두는 행복은 얻고 싶어 하고 괴로움은 피하고 싶어 하기 때문에, 그리고 이 두 가지 목표의 실현은 우리의 영적 발달에 달려 있기 때문에, 영적 길을 달성하는데 모든 노력을 기울여야만 한다는 것입니다.

두 번째는 우리에게는 이 영적 길을 달성할 수 있는 능력이 있다는 것입니다. 우리는 영적 마스터들을 만났기에 외적 조건은 충족됐고, 또한 자유와 타고난 행운으로 축복받은 소중한 인간으로 태어 낳기에 내적 조건도 충족되었습니다.

세 번째는 우리가 지금 당장 영적 안정을 이루지 못하면 다음 생에도 소중한 인간 환생을 다시 얻을 것이라는 보장이 없기 때문에, 불법 수행을 미루지 말고, 이번 생에 시작해야만 한다는 것입니다.

네 번째는 정확히 언제 죽음이 우리에게 올지 모르기 때문에, 우리는 바로 이 순간부터 영적 수행을 시작해야만 한다는 것입니다. 우리는 죽음과 무상(無常)에 대해 생각해야만 하고, 우리에게도 죽음은 반드시 오게 됨을 숙고해야만 합니다. 죽음을 알아차리지 못한 채 살아가면 심각한 불이익이 생기고, 이에 대한 억념(mindfulness)[12]을 기르면 커다란 이익이 생깁니다.

모든 이들이 머리로는 언젠가는 죽음이 온다는 것을 이해합니다. 그러나 우리 중 대부분은 "나는 오늘 죽지 않을 거야, 나는 오늘 죽지 않을 거야."라는 생각에 사로잡혀 있습니다. 이 정서는 죽는 그 순간까지 계속됩니다.

이 무명에 싸인 태도를 치료하는 약은 죽음과 죽어감에 대한 명상입니다. 이를 삶에 적용하지 않는다면 우리의 삶은 영적 무관심과 탐닉의 세계에 지고 말 것입니다. 그렇게 되면 우리는 내적 가치의 달성이나 해탈

---

12) 억념憶念. 마음에 새겨 잊지 않고(念) 항상 생각하는 것(憶). 마음 챙김. 산스크리트 smrti, 팔리어 sati, 티베트어 dren pa.

과 깨달음의 성취에도 관심을 기울이지 않게 됩니다. 결과적으로 우리는 영적 목표를 달성하는 방편인 듣기, 숙고하기, 명상[13]의 세 갈래 길에 들어가지 못하게 됩니다.

죽음과 무상에 대한 억념이 없으면 의미 없는 세계에 쉽게 시간을 빼앗기고 맙니다. 무관심과 미룸이라는 매우 강력한 힘들로 인해, 영적 수행에 들어간 것처럼 보이는 사람들조차도 그렇게 되는 경우가 흔합니다. 이생의 것들에 집착하는 무명의 마음은 계속해서 우리를 지배하게 되어 부정적이고 잘못된 많은 길로 들어서게 만들 것입니다. 그 결과, 불만과 괴로움이라는 윤회의 증상은 계속 될 뿐입니다.

이와 반대로, 죽음과 무상에 대해 명상하면 많은 이로운 결과들이 생깁니다. 모든 것들이 일시적이라는 인식이 견고해지고, 오늘이 생의 마지막 날이 될 수도 있음을 올바로 인식하게 될 것입니다. 그 결과, 이생의 덧없는 것들에 집착하는 마음은 바뀌어, 너그러움, 규율, 인내, 열정, 명상, 지혜[14]를 닦아 생기는 창조적 에너지처럼 영구한 가치를 지닌 것들에 대한 관심이 커집니다.

명상에서 집중해야 하는 죽음과 무상이란 정확히 어떤 걸까요? 무명과 왜곡된 마음을 초월할 때까지는 계속해서 윤회할 수밖에 없기 때문에, 단순히 윤회의 고통을 일시적으로 피하기를 바라는 떨고 있는 마음에 관한 것은 아닙니다.

오히려, 영적 길에서 중요한 진전을 얻기 전에 죽음과 마주한다거나 낮은 환생의 원인들을 초월하고 깨달음에 이르는 환생의 원인들을 성취하기 전에 죽음과 마주할지도 모른다는 불안한 생각을 가까이 하길 원하는 것입니다.

---

13) 문聞, 사思, 수修
14) 육바라밀. 전통적 용어로는 보시, 인욕, 지계, 정진, 선정, 지혜.

이러한 초월과 성취를 가져오는 방편들을 닦을 수 있습니다. 이런 수행에 들어가게 되면 커다란 이익이 생기며, 그렇게 하지 않는 사람들은 후회하며 세상을 떠나게 될 가능성이 높습니다.

1.2.2 죽음과 무상에 대한 명상

이에는 세 가지 주요 주제가 포함됩니다. 즉, 1) 죽음의 필연성, 2) 사망 시점의 불확실성, 3) 사망 시에는 영적 재산만이 우리에게 가치가 있다 입니다. 이것이 이 명상의 세 가지 핵심이며, 이들 각각을 세 가지 논증이 뒷받침하고 있습니다.

1.2.2.1 죽음의 필연성

첫 번째 핵심 주제는 즉음의 필연성입니다. 이는 다음과 같이 세 가지 형태로 숙고합니다.

1.2.2.1.1. 죽음의 제왕이 어떻게 살아있는 모든 존재들에게 다가오는지를 명상합니다. 이번 생에서 취한 신체 구성물이 무엇이든지 간에, 죽음의 영역을 넘어 갈 수 없습니다. 우리가 어디에 살든지 간에, 죽음이 미치지 않는 곳은 없습니다. 지금이 역사의 어느 시기이든지 간에, 죽음으로부터 자유로울 수는 없습니다.

이 요점들 중에 (우리가 취한 신체 구성물과 관련된) 첫 번째는 확고부동한 사실입니다. 성문들, 독각들, 최고의 화신 붓다들 등등과 같은 과거에 위대한 성취를 이룬 영적 존재들조차 돌아가시는 모습을 보이셨는데, 평범한 보통 사람들에 대해 말할 필요가 있겠습니까? *(석가모니) 부처님의 말씀 모음집 (Collected Sayings of the Buddha 법구경)*[20]안에 언급된 것과 같이,

> 완벽한 붓다들, 독각들, 그리고
> 석가모니 부처님의 가르침을 기록했던 성문들
> 모두 돌아가시고 자신들의 육체를 뒤에 남기셨네.
> 평범한 존재들을 언급할 필요가 있을까?

(우리가 어디에 살든지 간에 여전히 죽음을 당하기 쉽다는) 두 번째 요점도 또한 확고부동한 사실입니다. 부처님의 *말씀 모음집*이 담고 있는 것처럼,

> 죽음이 도달하지 않는 곳은
> 그저 존재할 수 없는 곳이라네.
> 땅 위에도, 하늘에도, 깊은 바다 속에도, 산꼭대기에도
> 그런 곳은 없네.

(시대가 영향을 주지 못한다는) 세 번째 요점 또한 사실입니다. 과거의 모든 존재들은 모두 다 돌아가셨는데, 이로부터 우리는 현재와 미래의 모든 존재들 또한 그렇게 될 것이라는 결론을 끌어낼 수 있습니다. 부처님의 *말씀 모음집*은 다음과 같이 언급합니다.

> 많은 존재들이 왔었거나 올 예정이지만,
> 이들 모두는 다른 세상으로 떠나네.
> 그러므로 현명한 이는 무상을 이해해
> 흔들리지 않는 불법 수행 속에 머무네.

죽음은 끊임없이 가까이 오고 있습니다. 그리고 어떤 것도 죽음을 돌려보낼 수 없습니다. 민첩함도, 강인함도, 재산도, 마법 물질도, 만트라도, 약도 그렇게 할 수 없습니다.

1.2.2.1.2. 그리고 나서 우리는 어떻게 우리의 삶이 지속적으로 소멸되고 있는지와 생명력을 다시 불어넣을 방법이 없음을 숙고해야만 합니다. 이것은 우리의 죽음을 알려주는 분명한 신호입니다. 우리가 백 년이라는

수명을 타고났다 해도, 여러 달이 지나면 곧 한 해가 되고, 여러 날이 지나면 곧 한 달이 되고, 여러 날은 아침과 저녁이, 빛과 어둠이 지나가면 사라집니다.

1.2.2.1.3. 다음으로, 살아있는 지금 이 순간에조차 얼마나 적은 시간을 우리가 오롯이 불법 수행에 사용하고 있는지를 숙고해야만 합니다. 우리가 백 년을 산다고 해도, 마지막에 결산해보면 이 백 년 중에 많은 시간을 불법 수행에 사용하지는 않았을 겁니다. 이 중에 거의 절반은 오로지 잠자는 데에 쓰입니다. 또한 우리 삶의 처음 10년 동안, 그리고 70세 이후의 기간에는 영적 시도를 할 에너지가 많지 않습니다. 그리고 이 사이 시간에 우리들은 슬픔, 고통, 행복하지 못한 마음, 질병 등등과 같은 수행을 방해하는 것들을 셀 수 없이 많이 겪게 됩니다.

우리가 백 년 안에 죽게 된다는 것은 확실합니다. 그러나 죽는 날은 결정되지 않았습니다. 우리가 오늘 죽게 될지, 그렇지 않을지는 확실하지 않습니다.

그러므로 우리가 죽음을 있는 그대로 정면으로 받아들이고, 오늘이 우리 생의 마지막 날일 수도 있다고 생각하는 것이 최선입니다. 우리가 이런 자세를 가질 때, 마음은 자연스럽게 덧없는 활동들에 흥미를 잃고 정화와 영적 열림의 길과 같은 더 높은 것들을 찾게 됩니다.

1.2.2.2 사망 시점의 불확실성

사망 시점의 불확실성에 대한 명상에도 세 가지 숙고할 내용이 있습니다. 즉, "1) 이생의 수명은 고정되어 있지 않아 우리의 사망 시점을 알 수 없다, 2) 죽음을 불러오는 요인들은 매우 많은데 삶을 지탱해주는 요인들은 적어 우리의 사망 시기는 불확실하다, 3)우리의 육체는 매우 쉽게 망가지며 쉽게 파괴된다."입니다.

1.2.2.2.1. 이생의 수명은 고정되어 있지 않습니다. 수명이 미리 정해져 있다는 전설의 땅 드라미니안(Draminyan)[15]을 제외하고, 다른 모든 곳에서는 수명을 알지 못합니다. 특히 여기 담불링(Dzambuling)[16]의 땅에서 수명은 특히나 변하기 쉽습니다.[21]

오래 전에 인간은 상상할 수 없이 오래 살 수 있었지만, 우주 순환의 끝을 향해가면서 인간의 수명은 수십 년으로 줄어들게 됩니다. 한 번도 수명이 고정되는 때는 없습니다.

1.2.2.2.2. 죽음을 불러오는 조건들은 많은데 삶을 지탱해주는 조건들은 적습니다. 더욱이, 삶을 지탱해주는 조건이라도 쉽게 죽음의 원인이 될 수 있습니다.

위 표현들 중에 첫 번째는 확실히 맞습니다. 생명체가 일으키는 해로움과 무생물이 일으키는 해로움은 우리들 주변에 널려 있습니다. 폭력적이고 부패한 인간들, 다루기 힘든 동물들, 다양한 형태의 비인간 요인들과 같은 수많은 악한 존재들이 언제라도 우리들을 쓰러뜨릴 수 있습니다.

무생물적 위험에 대해 말하자면, 지진과 산사태, 화재와 홍수, 폭풍우와 기타 여러 자연 재해들과 같은 사대[요소]로부터 오는 외적 위험이 있습니다. 이는 맹렬히 폭발할 수도 있는데, 순간적으로 생명을 앗아갈 수 있습니다. 또한 우리 몸 안 요소들의 균형이 무너져 갑작스런 죽음을 맞게 될 수도 있습니다.

1.2.2.2.3. 보통 때에는 삶을 지탱해주는 요소들조차 우리에게 죽음을 안길 수도 있습니다. 음식과 음료는 우리 생존에 없어서는 안 되는 것이기 때문에, 너무 적게, 아니면 너무 많이 먹게 되면, 또는 독성으로 변하

---

15) 북구로주(北俱盧洲).
16) 남섬부주(南贍部洲).

게 되면, 죽음을 초래할 수도 있습니다. 집은 무너져 우리를 덮치는 등의 다양한 방식으로 우리를 죽게 할 수도 있습니다. 우리의 친구들조차 우리를 속여 때 이른 죽음을 맞게 할 수도 있습니다.

태어난 바로 그 순간부터 우리는 계속해서 갑작스런 죽음의 가능성에 직면하게 됩니다. 결국 아주 하찮은 사건에도 우리 몸은 쉽게 망가지고 쉽게 파괴된다는 것이 명백해집니다.

1.2.2.3. 사망 시에 영적 재산만이 우리에게 가치가 있음

세 번째로 사망 시에는 자신의 영적 힘을 제외하고는 그 어떤 것도 가치가 없음을 숙고해야만 합니다. 이것에도 역시 세 가지 주제가 있습니다.

1.2.2.3.1. 사망 시에 셀 수 없이 많은 가족들과 친구들에 둘러싸인다고 해도, 우리는 홀로 저 세상으로 가야만 합니다.

1.2.2.3.2. 음식과 음료로 가득 찬 창고를 가졌다고 해도, 빈손으로 가야만 합니다. 최고 품질의 옷을 입고 있다 해도, 이 세상에 올 때처럼 맨몸으로 저 세상으로 가야 합니다.

1.2.2.3.3. 수정되던 그 때부터 늘 함께 있었던, 우리가 그렇게 진심으로 소중히 여기는 이 몸조차도 우리와 떨어지게 됩니다. 다른 물질적 소유물에 대해 말할 필요가 있을까요?

사망 시에 우리를 따라오는 것은 무엇일까요? 우리가 살아있는 동안 쌓은 선업과 악업의 씨앗뿐입니다. 우리를 따라 오는 악업의 씨앗들은 우리에게 해를 끼치게 될 잠재적 원인들이며, 우리를 커다란 고통에 빠뜨릴 수 있습니다.

사망 시에 우리의 유일한 재산은 우리의 영적 지식이며 우리 안에 쌓

1. 예비단계들

아온 선업의 씨앗입니다. 이때 이 영적 지식은 우리의 안식처이자 낙원이며, 우리의 주인이며 보호자, 우리의 안내자이자 길잡이입니다.

그러므로 바로 지금 이 순간부터 영적 지식을 축적하고 강화하는 방편을 찾으십시오.

1.2.3 원인과 결과의 카르마 법칙

가르침을 받을 자격을 갖춘 그릇이 되기 위해 숙고해야 하는 세 번째 주제는 원인과 그 결과에 대한 것입니다. 이것은 세 가지 항목, 즉 1) 인과 법칙의 성격, 2) 영적 귀의처 찾기, 3) 부정적인 업의 마음 정화하기가 다뤄집니다.

1.2.3.1. 인과 법칙의 성격

우리가 언제 죽게 될지는 확실하지 않지만, 죽음이 왔을 때 우리가 단순히 무(無)로 변형되는 것은 아닙니다. 또한 우리가 해탈의 상태로 들어갈 것이라고 믿을 만한 이유도 별로 없습니다. 무명과 정신적 왜곡을 초월하지 않는 한, 우리들은 계속해서 윤회 속에서 환생할 것입니다.

환생이 일어나는 장소는 기본적으로 두 가지 형태, 즉 존재들이 주로 행복을 경험하는 높은 세 가지 세상과, 주로 고통을 경험하는 낮은 세 가지 세상이 있습니다.

우리는 낮은 세상의 성격을 매일 곰곰이 생각해야만 합니다. "고통스런 이 세 곳 중에 한 곳에 태어나게 된다면, 어떠할까?"를 자신에게 물어 보십시오.

스승(Acharya) 나가르주나의 조언을 기억하십시오.[22]

> 매일 뜨거운 지옥과 차가운 지옥의
> 성격에 대해 생각하라.
> 배고픔과 갈증으로 고문당하는
> 유령들의 세상에 대해 생각하라.
> 지성이 부족하여 크게 고통 받는
> 동물들의 고충을 자세히 살펴보고 숙고하라.

이런 말을 매일 숙고하면 많은 이로운 결과들이 일어납니다. 예를 들어, 고통의 성격에 대해 숙고한 결과로 생긴 지식으로 인해 우리의 우월감과 오만은 줄어들고, 해탈에 대한 열망을 경험합니다. 또한 부정적 활동이 고통의 원인임을 깨달아 부정성을 초월하겠다는 생각을 하게 됩니다.

또한 고통은 경험하길 원하지 않고 행복만을 경험하기를 원하기 때문에, 행복의 원인인 창조적인 활동을 실천하겠다는 생각을 하게 됩니다.

더군다나, 고통에 대한 자기 자신의 경험과 다른 중생들이 겪는 고통에 대한 추론을 바탕으로, 모든 존재들에 대해 자비의 생각을 경험합니다.

또한 업과 그 열매의 성격에 대해 숙고하게 되면 다양한 윤회의 세계에서 발견되는 끔찍한 고통에 대해서도 걱정하게 됩니다. 그리고 이로 인해 가르침을 받기 위해 부처님들, 불법, 승단이라는 보석 같은 세 가지 귀의처(삼보)에 의지하고자 하는 생각이 강하게 일어납니다.

보살의 길에 대한 안내(A Guide to the Bodhisattva Ways, 입보리행론)[23]는 다음과 같이 말합니다.

> 고통 없이는 자유에 대한 간절함도 없네.
> 따라서 그대는 마음을 단단히 먹어야만 하네.

그리고

더욱이, 고통은 많은 이익을 가져오네.
고통에 대한 경험은 우리의 오만을 제거해 주네,
윤회 속에 고통 받는 다른 이들에 대한 자비가 일어나네,
그리고 부정적 성향을 피하게 되고 선함에서 기쁨을 찾게 되네.

같은 책은 또한 말합니다,

누가 윤회의 고통이라는 커다란 공포로부터
저를 진정으로 보호해 줄 수 있습니까?
놀란 두 눈으로 미친 듯이
귀의할 곳을 찾아 사방을 주의 깊게 살핍니다.
귀의처를 찾지 못하게 되면,
우울해서 꼼짝도 못하게 될 것입니다.
귀의처를 찾지 못하게 되면,
그 땐 무엇을 할 수 있단 말입니까?

그러므로 이제 저는 세상을 보호하시는,
살아 있는 모든 것들을 보호하기 위해 애쓰시는,
그리고 막강한 힘으로 모든 두려움을 제거하시는
붓다들의 지도를 구합니다.

이와 같이 저는 붓다들이 깨달으신 불법,
윤회의 고통을 물리치는
불법 속에서만 귀의처를 찾습니다.
그리고 보살들에게도 또한 의지합니다.

걱정으로 마음 졸이며
항상 지고한 보현보살에게 저를 바칩니다.
지혜의 보살인 문수보살에게 바칩니다,
믿음을 갖고 당신에게 귀의합니다.

이렇게 하여 고통의 성격을 숙고하면 많은 이로운 결과를 갖게 된다는 것이 명확해졌습니다.

낮은 세계의 고통이란 정확히 무엇일까요? 이에 대해 답하기 위해서는 지옥, 동물세계, 배고픈 유령들의 세계에서의 삶의 성격에 대해 명상해야만 합니다.

1.2.3.1.1 지옥의 고통 숙고하기

이에는 세 가지 주제, 즉 1) 뜨거운 지옥[17]의 고통에 대해 숙고하기, 2) 차가운 지옥[18]에 대해 숙고하기, 3) 이따금씩 지옥[19]에 대해 숙고하기가 있습니다.

1.2.3.1.1.1. 뜨거운 지옥의 고통에 대해 숙고하기

일반적으로 여덟 개의 뜨거운 지옥이 있다고 합니다. 이들 중에 첫 번째는 '죽었다 되살아나기'[20]라고 불립니다. 여기에선, 자신들의 이전 행위로 생긴 업의 씨앗들의 힘에 의해, 생명체들은 끔찍한 무기들을 가지고 계속 서로 싸우고 해를 입힙니다. 이들은 부상의 고통으로 인해 의식을 잃지만, 하늘에서 어떤 소리가 이들을 불러 다시 되살아나도록 명령합니다. 이들은 즉시 되살아나고 계속해서 전과 같이 고통을 받습니다.

그 아래, '검은 줄 지옥'[21]에서는 끔찍한 고문가들이 생명체들을 거꾸로 묶고 검은 줄을 생명체의 몸 위에 그립니다. 그러고 나서 이 선을 따라 톱, 칼, 손도끼로 자릅니다.

---

17) 팔열지옥(八熱地獄).
18) 팔한지옥(八寒地獄).
19) 근변지옥(近邊地獄).
20) 등활지옥(等活地獄).
21) 흑승지옥(黑繩地獄).

'짓뭉개는 지옥'[22]에서는 염소의 머리처럼 생긴 엄청난 산들 사이에 짓뭉개지는 경험을 합니다.

'짓누르는 지옥'[23]에서는 강제로 엄청난 금속 기계 속으로 들어가게 되고 즙을 뽑기 위해 사탕수수를 짓누르는 것처럼 천천히 짓이겨집니다.

'잡아 으깨는 지옥'[24]에 태어난 존재들은 떼를 지어 쫓깁니다. 결국 이들은 잡혀 엄청난 바위 아래에서 으깨집니다.

'비명의 지옥'[25]에서 생명체들은 불이 이글거리는 철로 된 집 속으로 강제로 들어가게 됩니다. 이들은 강력한 통증으로 괴로운 나머지 울부짖습니다.

이보다 아래의 '더 큰 비명 지옥'[26]이라 불리는 곳에서는 생명체들이 바깥쪽 방으로 달아납니다. 그러나 이 또한 철로 만들어져 있고 불로 이글거립니다. 이곳의 열기와 괴로움은 전에 것보다 훨씬 더 강렬해, 더 큰 비명을 지릅니다.

이보다 아래의 '모든 걸 태워 버릴 듯이 뜨거운 지옥'[27]이라 불리는 곳에 태어난 존재들에게는 지구 표면 자체가 시뻘겋게 달아 오른 금속 같아 보입니다. 감시자들이 자신들의 제물을 불타는 창으로, 항문에서 머리 꼭대기까지 꿰뚫어 고문합니다. 몸의 모든 구멍에서 불이 뿜어져 나옵니다.

---

22) 중합지옥(衆合地獄)에 포함된다.
23) 중합지옥(衆合地獄)에 포함된다.
24) 중합지옥(衆合地獄)에 포함된다.
25) 규환지옥(叫喚地獄).
26) 대규환지옥(大叫喚地獄).
27) 초열지옥(焦熱地獄) 또는 염열지옥(炎熱地獄).

이보다 아래의 '극도로 모든 걸 태워 버릴 듯이 뜨거운 지옥'[28]에서는 감시자들이 시뻘겋게 달아 오른 삼지창으로 제물의 몸을 뚫습니다. 양 어깨와 머리 정수리에서 창의 뾰족한 끝이 튀어나옵니다. 또다시 모든 구멍에서 불이 분출됩니다. 여기에 있는 존재들은 피부와 살이 모두 떨어져 나갈 때까지 그래서 뼈만 남을 때까지 철물 속에서 끓여집니다. 그러고 나서 끌려나와 다시 살아나고, 다시 전 과정이 반복됩니다.

마지막으로 '일시적 중단도 없는 지옥'[29]에서는 불이 모든 방향에서 타오릅니다. 이 지옥은 너무 뜨거워 불길과 자기 몸이 구별되지 않습니다. 맹렬한 불길의 끔찍한 울부짖는 소리만 들릴 뿐입니다.

이들 지옥에 태어난 존재들은 얼마나 오래 거기에 머물러야만 할까요? 500년 동안 사는 위대한 왕과 같은 천상의 존재를 상상하고, 이 존재의 하루가 인간의 50년과 같다고 상상합니다. 그런 하루가 30일 모여 한 달이 되고, 12달이 모여 일 년이 된다고 생각합니다.

수명이 가장 짧은 '죽었다 되살아나기' 지옥에서의 하루는 왕과 같은 천상 존재의 전체 수명과 동일합니다. 이런 날이 30일 모여 한 달을 이룹니다. 이런 달이 12달 모여 한 해를 이룹니다. 그런 500년에 대해 …

그 아래 각각의 지옥은 기간이 두 배가 됩니다. '극도로 모든 걸 태워 버릴 듯이 뜨거운 지옥'은 중간 영겁(aeon)의 반 동안 계속됩니다. 그리고 아비지옥, '일시적 중단도 없는 지옥'은 중간 영겁 전체 기간 동안 계속됩니다.

---

28) 대초열지옥(大焦熱地獄) 또는 혹열지옥(酷熱地獄).
29) 아비지옥(阿鼻地獄, Avicchi) 또는 무간지옥(無間地獄).

이들 뜨거운 지옥의 고통이 여러분에게 떨어진다면, 이 고통은 대단히 길고 강렬하기 때문에, 견뎌내기가 극히 어렵다는 것을 알게 될 것입니다. 아주 잠깐 뜨거운 석탄에 손을 넣어도 그 고통을 견디기 어렵다는 것을 아는데, 뜨거운 여러 지옥들의 고통에 대해 말 할 필요가 있겠습니까?

윤회 속 모든 고통 중에서 가장 끔직한 고통이 뜨거운 지옥의 고통, 특히 아비지옥, '일시적 중단도 없는 지옥'의 고통입니다. (나가르주나의) *친구에게 보낸 편지(A Letter to a Friend)*에 들어있듯이,

> 모든 즐거움 중에, 집착으로부터의 자유가
> 가장 크다고 하네. 그와 같이
> 윤회의 모든 고통 중에서
> 아비지옥의 고통이 가장 크다네.
>
> 하루 동안 300개의 끔직한 창에
> 계속해서 찔리는 것은
> 지옥의 고통과 비교하면 작은 고통이라네.
> 어떤 이미지도 그 경험을 전달할 수 없네.

우리가 이런 지옥에 태어나지 않을 것이라고 확신할 수 없습니다. 이런 지옥에 태어나게 되는 원인은 극도로 부정적이며 해로운 활동들인데, 지금 이 순간에도 우리의 몸, 말, 마음은 이 같은 활동들을 많이 하고 있는 것 같습니다. 더욱이, 우리는 시작도 없는 시간(無始) 이래로 셀 수 없이 많은 이전 생에서도 그렇게 해왔습니다.

이런 악업의 씨앗들은 우리의 마음흐름 안에 있는데, 영적 해독제를 적용하여 제거할 때까지, 또는 괴로운 경험으로 발전할 때까지 계속 그럴 것입니다. 이들 모두를 초월하기 전까지는 낮은 곳에 환생하기 쉽습니다.

여덟 가지 지옥 각각의 네 방향에는 뻘겋게 달아오른 석탄 구덩이들이 있습니다. 이 구덩이를 통해 달아나려 하면 무릎까지 잠기게 됩니다. 다

리가 석탄에 닿으면 살과 **뼈**는 타서 없어지지만 다리를 밖으로 **빼**면 다시 회복됩니다.

이 지옥 옆에는 시체들로 가득한 늪이 있습니다. 이 늪을 가로지르려하면, 허리까지 잠깁니다. 머리는 희고, 몸통은 검고, 이빨이 날카로운 벌레들이 공격하여 살에서 골수에 이르기까지 계속 물어뜯어 몸에 구멍을 만듭니다.

그러고 나서 면도칼 도로 지옥에 갑니다. 도로를 따라 도망가려 합니다. 그러나 날카로운 면도날로 만들어져 있어서, 그 길을 따라 달리면 면도날들이 발과 다리를 자릅니다. 다리는 회복되고, 이 과정이 계속됩니다.

다음으로 칼과 같은 날카로운 잎으로 된 숲에 도착합니다. 밑으로 지나가면 나무에서 잎들이 떨어져 몸에 박히고 끔찍한 상처가 남습니다.

그러고 나서 턱이 철로 된 개들에게 쫓기고 물려, 달아나기 위해 나무 위로 오르려 합니다. 나무의 가시들은 날카롭고 **뾰**족한 부분을 아래로 향하고 사납게 여러분을 **찌**릅니다. 부리가 철로 된 까마귀들이 위에서 공격하고 여러분의 얼굴과 두 눈을 쪼아댑니다. 여러분은 내려가려 하는데, 이제 가시들이 **뾰**족한 부분을 위로 하고 또다시 살을 찢습니다.

마지막으로 여러분은 재로 된 강에 이릅니다. 건너려고 하지만, 일단 들어가면 마치 쌀이 큰 솥 안에서 급격하게 끓어오르는 것과 같이 여러분을 위아래로 던집니다. 도망가려 하지만, 출구는 무기를 지닌 사악한 감시자들이 막고 있습니다

1.2.3.1.1.2. 차가운 지옥의 고통에 대해 숙고하기
이에는 여덟 종류가 있으며, 북쪽의 뜨거운 지옥에서 멀리 떨어진 땅 아래 차가운 암흑 속에 있다고 합니다.

'물집의 지옥'[30]에서는 혹독한 추위로 인해 몸에 온통 끔찍한 물집이 돋습니다.

이보다 아래 지옥들에서는 터져서 고름이 흐르는 엄청난 물집들이 몸에 잔뜩 돋습니다.[31] 생명체들은 차가움의 통증으로 울부짖거나 흐느낍니다.[32] 그들의 몸은 차가움으로 파랗게 변하고, 푸른 연꽃(utpala)처럼 다섯 조각으로 갈라집니다.[33] 그 아래에 있는 지옥인, '연꽃처럼 갈라짐'에서는, 몸이 붉게 변하고, 연꽃처럼 여덟 조각으로 갈라집니다.[35] '커다란 연꽃처럼 갈라짐'에서는 폐와 심장과 같은 내부 장기들이 혹독한 추위에 노출이 된 채로 몸이 몇 백 개 또는 심지어 몇 천 개 조각으로 갈라집니다. 이런 고통을 반드시 경험하게 됩니다.

이런 고통이 얼마나 지속될까요? 80섬의 참깨 씨앗이 가득 찬 큰 용기가 있고, 100년마다 한 개의 씨를 제거한다고 하면, 모든 씨를 제거하는 데 걸리는 시간이 이 지옥들 중에서 가장 짧은 '물집의 지옥'에서의 수명과 동일합니다.

그 아래 지옥들 각각은 그 바로 위에 있는 지옥보다 수명이 20배가 되고, 따라서 20배에 20배에 20배 등등의 식으로 계산됩니다.

이런 극심하고 긴 고통이 여러분에게 떨어진다면, 여러분은 이를 인내하기가 참으로 어렵다는 것을 알게 될 것입니다. 예를 들어, 단지 하루 동안 얼음과 눈이 덮인 집 밖에서 지내라고 해도 그 고통을 견딜 수 없습니다. 그런데 차가운 지옥의 고통에 대해 말할 필요가 있겠습니까?

---

30) 알부타(頞浮陀, arbuda).
31) 아라부타(尼剌部陀, nirabuda).
32) 신음 소리에 따라 알찰타(頞哳陀, atata), 학학파(臛臛婆, hahava), 호호파(虎虎婆, huhuva)라고 칭한다.
33) 올발라(嗢鉢羅, utpala).
34) 발특마(鉢特摩, padma).
35) 마하발특마(摩訶鉢特摩, mahapadma).

그리고 우리는 우리가 거기에 환생하지 않을 것이라고 확신할 수도 없습니다. 과거에 우리는 많은 부정적인 업을 지었고, 신성한 물건들을 훔치고 과소평가했으며, 영적 길과 갈등을 일으키는 견해대로 살았습니다. 지금도 우리는 이런 일들을 행하고 있으며, 우리가 경험했던 많은 과거 생에서, 그리고 의심에 여지없이 시작도 없는 시간 이래로 이런 부정적인 업의 씨앗을 셀 수 없이 많이 쌓았습니다.

1.2.3.1.1.3. '이따금씩 지옥'의 고통에 대해 숙고하기

'이따금씩 지옥'은 뜨거운 지옥과 차가운 지옥 근처에 있다고 합니다. 이들은 강, 사막, 산, 등에 있습니다. 이들의 구체적인 장소와 이들 속에서의 수명은 미리 정해져 있지 않습니다.

이들 속에서 경험되는 고통에 대해서는 다른 경전들을 참조하십시오.

1.2.3.1.2 동물세계[36]의 고통 숙고하기

어떤 동물들은 커다란 대양 속에 삽니다. 버려진 술 찌꺼기에 모인 파리들처럼 몰려 있습니다. 거기에서 인간 세상과 천상의 세계로 진화합니다.

이들의 고통은 어떤 것일까요? 큰 동물은 작은 동물을 잡아먹습니다. 어떤 경우에는 작은 동물이 합세해서 큰 동물을 잡아먹습니다. 어떤 경우에는 털을 얻기 위해, 어떤 경우에는 진주, 뼈, 살, 가죽을 얻기 위해, 많은 동물들이 인간에 의해 사육되고 도살됩니다. 게다가, 주먹질이나 발길질을 당하거나, 막대기, 채찍, 철 갈고리로 맞으며, 착취당하면서 일합니다. 이들은 자신들의 주인을 위해 무거운 짐을 옮겨야만 하고, 코뚜레에 묶여있는 밧줄대로 끌려갑니다. 어떤 동물들은 인간에 의해 사냥되고, 덫에 걸려 죽임을 당합니다.

---

36) 축생계(畜生界)

동물들은 얼마나 오래 살까요? 가장 오래 산 동물이 중간 길이의 영겁 동안 살았다고 하지만, 일반적으로 동물에게는 수명이 고정되어 있지 않습니다.

동물세계의 고통이 오늘 우리에게 닥쳐온다면, 우리는 정말로 이를 견뎌내기가 어렵다는 것을 알게 될 것입니다. 지금 우리는 작은 벌레의 침조차 견디기가 어려워 보입니다. 불행히도 우리는 미래에 결코 동물세계에 태어나지 않을 것이라는 확신을 가질 수 없습니다. 이런 환생을 하게 되는 원인은 중간 정도의 강도를 지닌 부정적이고 해로운 활동인데, 지금도 우리는 거의 계속적으로 몸, 말, 마음으로 이러한 원인들을 만들고 있는 것으로 보입니다. 더욱이, 우리들은 시작이 없는 시간 이래로 셀 수 없는 과거생에서부터 그렇게 해왔습니다.

1.2.3.1.3 유령세계[37]의 고통에 대해 숙고하기

쉬지 못하는 유령들은 지구 500 요자나스(yojanas)[24] 밑의 세계에 살고 있다고 합니다. 인간과 천상에 나타나는 유령들은 여기에서 왔다고 합니다.

유령에는 36가지의 주요 형태가 있지만, 이들은 보통 3가지 무리, 즉 바깥 무명의 무리, 안쪽 무명의 무리, 무명에 무명을 더한 무리로 나눌 수 있습니다.

외적 무명을 지닌 유령들은 강과 호수를 보지만, 마시기 위해 그쪽으로 달려가면, 감시자들이 칼과 창으로 쫓아 버립니다. 그렇지 않으면 강 또는 호수의 물이 그들에게 고름과 피로 변하여 이에 접근할 수가 없습니다.

---

37) 아귀계(餓鬼界)라고 말하기도 한다. 아귀는 산스크리트 preta에 대한 한역.

내적 무명을 지닌 유령들은 입은 바늘구멍 크기인데, 위장은 수미산만큼 큽니다. 그렇기 때문에 음식과 음료를 얻는 데에 그 어떤 외적 장애가 없다고 해도, 이들은 결코 먹을 수 없고 따라서 배고픔과 갈증을 전혀 해소할 수 없습니다.

무명에 무명을 지닌 유령들은 다양한 방식으로 고통을 받습니다.

어떤 유령들은 뭔가를 먹거나 마실 때마다 이것이 화염으로 휩싸여 자신들을 태워버립니다. 다른 유령들은 똥이나 오줌 같은 아주 더러운 것만 소화할 수 있으며, 정상적인 음식은 흡수할 수 없습니다. 게다가 자신들을 생존케 해줄 이 더러운 것조차 찾을 수 없는 유령들도 있습니다.

어떤 유령들은 단지 자신의 살과 피만을 먹을 수 있으며, 다른 어떤 것도 흡수할 수 없습니다. 반면에 어떤 유령들은 한여름 차가운 달빛에도 화상을 입고 따뜻한 겨울 햇살도 견딜 수 없이 차갑게 느낍니다.

과수원 또는 강을 보는 부류들도 있지만, 이들이 그쪽으로 달려가면 그 과일이나 물이 사라집니다. 이들 그리고 다른 많은 유령세계의 고통들은 (나가르주나의) *친구에게 보낸 편지*에 자세하게 묘사되어 있습니다.

이들의 수명은 얼마나 될까요? 인간의 한 달이 이들의 하루라고 합니다. 그런 30일이 한 달이 되고, 그런 12달이 일 년이 됩니다. 이런 500년 동안을 살아야 합니다.

유령세계의 고통이 우리들에게 닥쳐오면, 우리는 정말로 견디기 어렵다는 것을 알게 될 것입니다. 지금 우리는 단지 5일 내지 6일 동안도 음식 없이 지내기가 어렵습니다. 그럴진대 유령의 고통에 대해 말할 필요가 있겠습니까?

그런데, 우리가 거기에 환생하지 않을 것이라고 확신할 수가 없습니다.

이런 환생을 낳게 되는 원인은 강도가 약한 부정적인 업의 씨앗들, 그리고 인색함과 집착이라는 씨앗들의 축적입니다. 우리가 시작이 없는 시간 이래 경험했던 모든 이전 생들을 언급하지 않더라도, 우리들은 이생에서만도 그런 씨앗들을 많이 쌓았습니다.

이것이 윤회하는 세 가지 낮은 세상에서의 고통의 성격입니다. 이들 속에 환생하도록 만드는 원인인 부정적인 업의 축적을 그만두는 데 모든 노력을 기울이십시오. 그리고 그 대신에 더 높은 환생의 원인인 긍정적인 업과 선함의 축적을 위해 매진하십시오.

더욱이, 가장 좋은 것은 두 가지 보리심, 즉 깨달은 마음이니 이를 기르고 성취하는 데에 부지런히 전념하십시오.

이생에서의 시간이 우리에게 얼마나 남아 있는지는 확실하지 않습니다. 낮은 세계의 본질에 대해 지금 당장 건전한 우려를 일으키고, 가르침을 받기 위해 보물 같은 세 귀의처, 붓다들, 불법, 승단에 귀의하며, 순수한 영적 탐구를 계속하기 위해 원인과 결과의 카르마 법칙 작용을 명확히 이해하려 애쓰는 것이 현명할 것입니다.

1.2.3.2. 영적 귀의처 찾기

일반적으로, 불교 수행에 들어가는 문 그리고 그렇게 하여 깨달음에 이르는 길의 입구는 붓다들, 불법, 승단에 귀의하는 행동이라고 합니다. 따라서 귀의는 매우 중요합니다.

전통적으로 귀의라는 주제는 1) 귀의에 대한 심리적 기반, 2) 귀의의 중심이 되는 대상들, 3) 귀의의 내용, 4) 귀의한 사람들을 위한 조언이라는 네 가지 항목으로 가르칩니다.

1.2.3.2.1 귀의에 대한 심리적 기반

어떤 사람이 귀의하기 위해서는 두 가지 심리적 요소가 반드시 있어야 됩니다. 첫 번째는 완벽하지 않은 윤회 속에 내재되어 있는 위험들을 실제 그대로 인식하는 것입니다. 두 번째는 이런 위험들을 초월하려는 노력에 있어 엄청난 가치를 지녔으며 모든 두려움을 극복할 수 있도록 해주는 영적 이로움을 붓다들, 불법, 승단이 줄 수 있음을 아는 것입니다.

1.2.3.2.2 귀의 대상들

어떤 종류의 대상이 효과적인 귀의 대상이 될 수 있을까요? *150개의 칭송(The Hundred and Fifty Praises)*[25]은 다음과 같이 말합니다.

> **모든 잘못과 결점을 전적으로 초월한**
> **그리고 영적 훌륭함의 모든 자질들을**
> **최종적으로 완성한 이들에게,**
> **지혜를 지닌 누군가가 이들을 존경하고**
> **이들에게 가장 높은 경의를 표하고**
> **이들의 가르침 속에 머무는 것은**
> **지극히 타당하네.**

달리 말해서, 모든 잘못을 초월한 분 그리고 모든 훌륭함을 지니신 분, 가르침을 받기 위해 의지해야 할 그 분은 전적으로 깨달은 존재들, 즉 붓다들입니다.

왜 전적으로 깨달은 존재들을 귀의의 대상으로서 존경할까요? 이들은 모든 윤회의 공포에서 해방됐고, 다른 이들을 이 공포에서 벗어나도록 안내해줄 수 있는 현명하고 적절한 방편들을 지니고 있기 때문입니다. 게다가, 이들은 사랑과 연민에 의해서만 움직이며, 조금도 어떤 이를 다른 이들에 비해 편애하지도 않으며 모든 중생들에게 이익을 주기 위해 애쓰십니다.

이는 이쉬바라(Ishvara)[38]와 같은 세속적인 신들의 경우와는 다릅니다. 세속적인 신들은 질투와 같은 윤회의 원인이 되는 잘못들에서 벗어나지 못했으며, 최종적인 해탈을 아직 얻지 못했기 때문에 모든 해탈방편들을 마음대로 활용할 수도 없고, 보편적인 사랑과 연민에 의해서만 움직이는 것도 아닙니다.

깨달은 존재들은 존경받을 만하며 실제로 도움을 주는 귀의의 대상이기 때문에, 이들의 가르침인 불법 또한 귀의 대상으로서의 가치를 지닌다는 결론이 나옵니다. 마찬가지로, 이들 가르침의 상급 수행자들인 승단도 또한 틀림없이 자격이 있습니다.

1.2.3.2.3 귀의 내용

귀의 전통에는 네 가지 주제, 즉 1) 귀의 대상들의 훌륭함에 대해 제대로 이해하기, 2) 이들의 독특함에 대해 제대로 이해하기, 3) 안식처 관점, 4) 귀의 대상 오인하지 않기가 있습니다.

1.2.3.2.3.1. 삼보의 훌륭함에 대해 제대로 이해하기

훌륭함을 제대로 이해하기란, 사람들은 붓다들, 불법, 승단인 삼보 각각의 놀라운 특성에 대해 자신들이 아는 만큼 귀의한다는 뜻입니다.

붓다들의 훌륭함은 이들의 몸, 말, 마음의 경이로운 점들과 깨달은 활동이라는 측면에서 다뤄집니다.

깨달은 존재들의 육체적 나툼의 경이로움은 *시로 짠 무늬 놓은 천(Tapestry of Verse)*[26]에 다음과 같이 묘사되어 있습니다.

---

38) 힌두교의 인격신이며 최고신. 자재천(自在天).

> 깨달은 존재의 육체적 드러남은
> 구름 한 점 없는 가을 하늘에
> 빛나는 아름다운 별무리처럼
> 보기에 정말 기분이 좋으며,
> 눈을 치유한다네.

깨달은 이의 말은, 듣는 이 각자가 그 순간 자신들의 마음 속에 지니고 있던 영적 질문에 대해 각기 개개인들에게 직접 답변하고 있는 것처럼 들리는 그런 것입니다.

모든 중생들이 깨달은 존재에게 동시에 질문을 해도, 그는 단 한 찰나에 이 모든 질문들을 알아듣는다고 합니다. 단지 한 가지 답만을 준다고 해도, 다양한 모든 존재들이 그들 자신의 언어로, 그들의 사적이며 개인적인 관심사에 대해 직접 답을 받는 것 같은 방식으로 이를 듣게 된다고 합니다.[27]

진실한 자에 관한 장(章)(The Chapter of the Truthful One)[28]은 다음과 같이 말합니다.

> 존재하는 모든 중생들이
> 동시에 날카로운 질문들을 해도,
> 붓다는 단 한 찰나의 생각으로
> 이들 모두를 이해하고
> 듣기 좋은 한마디 말로 모두에게 답할 것이네.

붓다 마음의 특성이란 주제는 지적 특성과 자비적 특성이라는 두 가지로 가르칩니다.

붓다는 손바닥에 놓인 투명한 과일 조각만큼이나 모든 지식 대상들을 명확하게 직접적으로 안다고 합니다.

붓다의 지혜는 모든 지식 대상들에 두루 미칩니다. 다른 이들에게는, 지식의 대상들이 너무나 광대하고, 자신들의 지혜는 너무나도 하찮을 뿐입니다. *칭찬할 만한 것들에 대한 칭찬에서(In Praise of the Praiseworthy)*[29]는 이런 식으로 표현했습니다.

> 오로지 완전히 깨달은 존재의 지혜만이
> 지식의 모든 대상들에 두루 미치네.
> 낮은 영적 상태에 있는 존재들에게
> 이 지혜는 여전히 안 알려져 있네.

평범한 중생들은 오로지 무명과 왜곡된 마음에 의해서만 움직입니다. 반면에, 전적으로 깨달은 붓다들은 오로지 자비에 의해서만 움직입니다. 붓다들은 일체 중생들에 대한 끊이지 않는 사랑과 연민 속에 계십니다. *150개의 칭송*은 다음과 같이 말합니다.

> 깨닫지 못한 중생들은 모두
> 예외 없이 무명 속에 묶여있네.
> 그러나 붓다는 자비와 무명에서 중생들을 해방시키겠다는
> 생각으로 오랫동안 살아오셨네.
> 제가 붓다들에게 먼저 경의를 표해야 하는 건가요?
> 아니면 윤회 속에 남아서 지칠 줄 모르고
> 중생들을 해탈시키도록 붓다들을
> 고무시키는 위대한 자비에 먼저 경의를 표해야 하나요?

완전히 성취한 붓다의 깨달음 활동에 대해 말하자면, 이 세상의 중생들에게 이익을 주기 위해 그의 몸, 말, 마음의 마법 같은 행위가 동시에 그리고 끊임없이 일어난다고 합니다.

중생의 입장에서 말하자면, 중생에게는 지도와 지원이 필요합니다. 붓다들의 입장에서 말하자면, 붓다들이 타고나지 않은 완전함은 없으며, 붓다들이 지도해 줄 수 없을 정도로 너무나도 큰 결함을 지닌 중생들도 없

습니다.

간단히 말해서, 붓다들은 세상에 선함, 깨달음, 기쁨을 가져오기 위해, 그리고 중생들의 마음흐름 안에서 부정성, 무지, 고통을 제거하기 위해 가능한 모든 것을 다 하십니다.

불법의 훌륭함. 불법이라는 보석의 놀라운 점은 불법 수행을 통해 완벽하고 완전한 깨달음 상태를 성취한다는 것입니다.

붓다들의 위대함을 제대로 이해할 수 있다면, 우리는 불법의 위대함을 제대로 이해할 수 있게 될 것입니다. 왜냐면, 모든 훌륭함을 지니고 있는 붓다들은, 먼저 불법 가르침들을 듣고 가르침들을 적용하고 이 길에 대한 명상을 통해 그 의미를 내면화하여 자신들의 완전한 상태를 성취했기 때문입니다.

승단의 훌륭함. 불법의 훌륭함을 제대로 이해할 수 있다면, 승단은 불법을 배우고 수행을 통해 높은 영적 상태를 성취한 존재들이기 때문에, 승단의 훌륭함도 제대로 이해할 수 있을 것입니다.

1.2.3.2.3.2. 삼보 각각의 특별함에 대해 제대로 이해하기

삼보 각각의 특별함이란 붓다들은 완전하고 완벽한 깨달음(삼약삼보리) 상태를, 불법은 그 깨달음의 결과물을, 승단은 올바르게 불법에 전념하는 수행자들을 상징한다는 것입니다.

삼보의 깨달음 활동 각각의 특별함이란 붓다들은 불법을 전수하고, 불법은 무명과 고통을 초월하게 해주고, 승단은 수행자들에게 불법을 깨닫기 위해 정진하도록 고무시킨다는 것입니다.

삼보가 어떻게 인지되어야만 하는 지에 관한 각각의 특별함이란 붓다들은 존중 받아야 하고, 불법은 깨달아져야 하고, 승단은 어울릴 만한 의미가 있는 사람들로 여겨져야 한다는 것입니다.

삼보가 어떤 식으로 육성돼야 하는지에 대한 각각의 특별함은 붓다들은 존경과 존중을 받아야 하고, 불법은 통합되어야 할 요가(yoga)여야 하며, 승단은 영적 그리고 사회적 기쁨을 같이 나눠야 할 사람들이어야 한다는 것입니다.

억념 명상들로 어떻게 삼보를 닦아야 하는지에 대한 각각의 특별함은 다음 문장에서와 같이 붓다들을 항상 기억하여 잊지 않는 것부터 먼저 제시되어 있습니다.

붓다는 바가완[39], 여래[40], 아라한(arhat), 전적으로 깨달은 분이시다. 붓다는 지식과 그 기반을 부여 받으셨고, 선서[41], 세상에 대해 아시는 분, 배우려는 자들에게 비할 데 없는 스승, 인간과 천상 존재들의 지도자이시다.

불법을 항상 기억하여 잊지 않음이란 간단하게 다음과 같이 말하는 겁니다.

바가완의 불법은 우아하게 설해지고, 완벽하게 인지되며, 어떤 오류도 없고, 지속되고, 잘 전달되고, 주목할 가치가 있고, 현명한 이들이 개인적 경험을 통해 깨닫는 대상이다.

승단에 대해서도,

깨달은 사람들의 말을 마음에 새기는 이들은 자신들의 존재 방식에 있어서 훌륭하고, 자신들의 존재 방식에 있어서 정확하며, 자신들의 존재 방식에 있어서 자애롭다.

---

39) Bhagavan. 티베트인들은 Chom den dey로 번역했다. 의미는 1)번뇌와 무지를 파괴하신 이. 2)모든 지혜와 공덕/자비/파워를 성취하신 이. 3)지복과 붓다 경지의 세 몸으로 가신 이.
40) 如來, tathagata. 진리로부터 온 분, 진리에 따라 이 세상에 와서 진리를 가르치시는 분.
41) 善逝, sugata. 피안으로 잘 건너가신 분.

삼보가 어떻게 공덕의 힘을 증대시키는 지에 대한 각각의 특별함이란 가장 큰 증가가, 단일 존재(붓다)와 관련하여, 불법과 관련하여, 공동체와 관련하여 (삼보) 각각에 대해 일어난다는 것입니다.

1.2.3.2.3.3. 귀의처의 관점

귀의처의 관점에서 보면, 귀의의 길을 드러낸 근원인 붓다들에게 귀의하고, 귀의의 실제 대상인 불법에 귀의하고, 귀의 수행을 지원하는 친구들인 승단에 귀의합니다.

1.2.3.2.3.4. 귀의 대상을 오인하지 않기

귀의 대상을 오인하지 않기란 불교를 비불교 전통과 구분 짓는 특성들에 대해 성숙되고 잘 추론된 인식을 지녀야 함을, 그리고 그 지식의 바탕 위에서 불도(佛道)와 더 강력한 인연을 느껴야함을 의미합니다.

일반적으로 붓다들은 결점을 모두 버리고 자각을 전부 성취한 완벽히 깨달은 존재라는 느낌을 가져야 합니다. 그리고 이 느낌은 이보다 낮은 마스터들에게는 갖지 않아야 합니다.

뛰어난 이들을 칭송하며(In Praise of the Superior Ones)[30]에서 말하는 것처럼,

> 나는 평범한 영적 스승들에 대해서는 기대를 버리고
> 깨달은 이들에게 귀의하네.
> 그대가 내게 왜 그렇게 하냐고 물으면,
> 깨달은 이들은 어떤 결점도 없으며
> 모든 훌륭함을 지녔기 때문이라고 말하리.

같은 글의 다른 곳에서는 다음과 같이 말합니다,

> 평범한 영적 스승들의 글들을
> 더 많이 읽고, 숙고해보고, 돌이켜 생각해 볼수록,
> 깨달은 이들이 제시한 길에 대한
> 확신이 내 마음 속에 더해가네.

간단히 말해서, 불교의 길은 즐거운 결과를 낳는 즐거운 여정입니다. 이것이 소위 영적이라 불리는 다른 많은 경우에도 반드시 해당된다고 말할 수는 없습니다.

붓다들과 이들이 가르쳤던 깨달음 길의 이러한 특징들은 자연스럽게 이 길의 수행자들인 승단에게도 이어집니다.

1.2.3.2.4 귀의한 이들을 위한 조언

이것은 두 가지로, 즉 1) 요약(*The Summary*)[31]에 들어 있는 조언, 2) 일반적으로 구두 전수되는 조언으로 제시됩니다.

1.2.3.2.4.1. 요약에 있는 조언

요약은 네 가지 조언으로 되어 있는 두 쌍을 제시합니다. 첫 번째 쌍은 네 가지 요소들, 즉 신성한 존재들에게 의지하기, 신성한 불법 듣기, 불법을 철저히 고찰하기, 그 가르침에 따라 수행하기로 구성되어 있습니다. 다시 말해서, 지도를 받기 위해 붓다들에게 귀의한 후에, 영적 마스터를 깨달음 길의 뿌리로 이해해야만 하고 그런 다음 영적 마스터와 효과적이며 실제로 도움이 되는 관계를 구축해야만 합니다.

붓다들에게 귀의함은 이 길의 스승을 안내의 근원으로 삼는다는 것을 뜻합니다. 일치시키는 수행이란 이 길의 스승을 모델로 여기는 수행입니다.

두 번째와 세 번째 요소들에 관해 말하겠습니다. 불법에 귀의한 후에, 붓다들과 그들의 상급 제자들이 준 가르침을 철저히 고찰해야만

합니다. 불법에 귀의한다는 것은 불법 경전을 통한 전수(scriptural transmission)와 통찰을 통한 전수(insight transmission)를 깨달아야 할 대상으로 여겨야 한다는 뜻입니다. 일치시키는 수행이란 불법을 잘 듣고 이것을 수행의 지침으로 삼는 것입니다.

네 번째 요소는 다음과 같이 설명됩니다. 승단에 귀의하면서 이 길을 연마하고 이 길과 조화로운 것들을 기릅니다. 승단에 귀의함은 이 길의 수행에 있어 승단을 친구로 여겨야 한다는 뜻입니다. 따라서 일치시키는 수행은 이 길을 수행함에 있어 승단을 자신의 모델로 삼음을 뜻합니다.

네 가지로 되어 있는 두 번째 쌍은 다음과 같습니다. 즉, 감각적 미혹에 빠지지 않기, 배움을 순수하게 적용하기, 중생에게 자비 베풀기, 항상 삼보를 기쁘게 하기입니다.

이들 중 첫 번째를 살펴보면, 그 의미는 마음이 외부 대상을 쫓도록 계속해서 허용하는 폐단을 제대로 이해해야 한다는 것과, 마음을 다른 데로 돌려야 한다는 것입니다.

두 번째 요소는 석가모니 부처님이 처방한 안정을 가져오는 힘인 계를 지키며 수행을 시작해야만 한다는 것입니다.

세 번째 요소에 대해 말하자면, 불교 교리는 깨달은 마스터들이 모든 중생에게 갖는 자비심 때문에 세상에 드러난 것입니다. 그러므로 이 교리의 수행자들은 자비심으로 모든 중생을 바라보려 애써야 하며, 어떤 식으로든 중생에게 해를 주는 것은 삼가야 합니다.

네 번째 요소는 매일 삼보에 공양을 올려야 한다고 조언합니다.

1.2.3.2.4.2. 구두 전통으로 주어지는 조언
이것은 두 가지 종류, 즉 개인적 조언과 일반적 조언으로 되어있습니다.

개인적 조언도 또한 두 가지 종류, 즉 길러야 할 것에 관한 것과 버려야 할 것에 관한 것으로 되어있습니다.

길러야 할 것에 관한 조언은 *부처님의 열반에 관한 경전*(The Sutra of Buddha's Pass)[32]에서 말하는 것과 조화를 이룹니다. 여기에서는 삼보 각각에 대해 하나씩, 세 가지 조언이 주어집니다.

첫 번째는 일단 붓다들에게 귀의하고 나면 더 이상 세속적인 영들을 숭배하지 않아야 한다는 것입니다. 비쉬누(Vishnu) 그리고 그와 같은 강력한 세속적인 천상의 존재들의 경우에도 그러한데, 세속적인 자연 영들과 유령들에 대해서 뭘 더 말하겠습니까?

비록 궁극의 목표를 위해서나 붓다들에게 귀의하는 것이 경시되는 방식으로 세속적인 신들에게 의지하는 것이 적절하지는 않지만, 자신의 불법 수행과 불법의 자각에 도움이 되는 상황을 조성하는 것과 같이, 세속적인 문제들과 관련하여 이러한 영들을 달래는 것은 허용된다는 것도 여기서 주목해야만 합니다.

두 번째로, 불법에 귀의한 사람들은 항상 다른 중생들을 사랑과 연민으로 바라보도록 훈련해야 합니다. 이는, 다른 중생들을 묶거나 때리는 것을, 이들을 크고 작은 우리 속에 넣는 것을, 이들의 코를 뚫어 고리를 다는 것을, 지나치게 무거운 짐을 강제로 나르게 하는 것 등등을 삼가게 합니다.

세 번째로, 극단의 견해를 지닌 사람들과 너무 많은 시간을 보내지 말아야 한다고 합니다. 다시 말해서, 승단에 귀의한 사람은 삼보와 깨달음 길의 수행에 지속적으로 부정적인 에너지를 만들어내는 극단적인 사람들에 의해 악영향을 받는 걸 용인해서는 안 됩니다.

피해야 할 것에 관한 조언 또한 세 가지이며, 또 다시 삼보 각각에 대해 하나씩입니다. 이들 중에 첫 번째는 붓다들에게 귀의한 사람은 조각상,

그림 등등과 같은 깨달은 존재들의 물질적 표현을, 그들의 예술적 뛰어남과 상관없이, 업신여기지 말아야 한다는 것입니다. 이런 물건들을 비난한다거나, 이들을 담보물로 사용하는 것과 같은 무례한 방식으로 이들을 대하지 말아야 합니다. 그 대신에, 이들이 실제 석가모니 부처님 그 분인 것처럼 존경심을 가지고 보십시오. *친구에게 보낸 편지*는 다음과 같이 말합니다.

> **선서들(Sugatas) 상(像)의 질에 상관없이,**
> **가장 소박한 나무로 만들어졌다고 해도,**
> **이를 경건함의 대상으로 봐야만 하네.**

따라서 "이 석가모니 부처님의 상은 이러저러하다." 또는 "이 이미지는 너무 크고 너무 비싼 재료로 만들었군. 이건 만들지 말았어야 했어."와 같은 부정적인 논평을 하여 신성한 상을 업신여겨서는 안 됩니다.

삼보에 끼친 부정적 업보(불선업)에서 벗어나는 것이 왜 중요한지 다음과 같은 일화가 설명해 줍니다.

한때 어떤 사람이 "코끼리 머리를 가진 그대가, 불법이나 불법이 아닌 것에 대해 뭘 알겠는가!"와 같이 말하며, 승단의 일원들을 심하게 비웃었습니다. 이런 식으로 승단 구성원들의 머리가 18 가지의 동물 머리처럼 생겼다고 말하여 여러 승단 사람들을 모욕했습니다. 그 결과 그는 18 마리의 각기 다른 동물의 머리를 가진 바다 괴물로 환생했다고 합니다.

또한 오래 전에 크라구흐-찬트라 부처님(Krakuch-chanda Buddha)[42]이 열반하신 후에, 어떤 왕이 이 신성한 존재의 유물들을 모시기 위해 큰 탑을 의뢰했습니다. 장인들 중의 한 명이 "이런 엄청난 기념물

---

42) 이 시대의 첫 번째 부처님. 역사상의 석가모니 부처님은 이 시대의 4번째 오신 분이고 석가모니 이전에 모두 6불이 계셨다. 구류손불(拘留孫佛), 구루손불(拘樓孫佛) 이라고 음역했다.

을 만든다는 것은 불가능해."라고 말하며 두 번 불평했습니다. 후에, 그 탑의 건축이 끝났을 때 심경의 변화가 생겨 그는 금으로 된 종을 바쳤습니다. 이로 인해, 그는 추하고 매우 작은 난쟁이로 태어났지만, 놀랍도록 듣기 좋은 목소리를 지녔었다고 합니다.

불법에 귀의함과 관련하여 여기서 얻게 되는 조언은 가르침의 한 줄도 과소평가하지 말라는 것입니다. 신성한 책들을 담보물이나 상업적 대상으로 여긴다거나, 경전들을 땅바닥에 놓아서는 안 됩니다. 이들을 베개로 사용해서도 안 되고, 신발과 같은 세속적인 물건들이 담겨 있는 상자에 넣어서도 안 됩니다. 경전들을 깨달음에 이르는 방편들이 실제로 구체화된 것으로 여겨야만 합니다.

세 번째로, 승단에 귀의한 사람들과 관련된 조언은 "이 사람은 승복이 부끄럽다." 또는 "이 스님들은 내 종파가 아니니, 존경할 필요가 없어." 등등과 같이 계를 받은 공동체에 대해 쓸모없고 부정적인 태도를 모두 버리는 것입니다.

승단의 모든 구성원들을 최종적인 실체의 의미를 꿰뚫는 통찰을 지닌 크게 성취한 존재라고 여기십시오.

삼보를 존경하여 얻게 되는 업보는 자신이 존경을 받게 된다는 것입니다. 몰입의 왕 경전(*The King of Absorptions Sutra*)[33]은 말합니다,

행한 대로,
그에 상응하는 결과를 받네.

귀의에 대한 일반적인 조언에는 여섯 가지 일반적인 가르침이 있습니다.

(i) 처음부터 삼보의 특별함과 훌륭함에 대한 올바른 이해로 귀의에 대한 열망을 불어넣어야 하고, 귀의 대상들에 대한 반복적인 숙고로 이 열

망을 뒷받침해야만 합니다. 불자의 길과 그렇지 않은 길 간에 차이를 올바로 인식하고 이에 따라 귀의를 결정해야하며, 삼보 각각을 다른 것들과 구별되게 하는 독특한 특성과 특별함을 이해해야만 합니다.

(ii) 귀의처인 삼보가 주는 이로운 효과에 대해 숙고해야 하며 계속해서 삼보에 공양을 올리도록 노력해야 합니다. 예를 들어, 식사의 첫 번째와 가장 좋은 부분 중 소량을 바치십시오. 행복이나 즐거움이 일어날 때마다, 이를 삼보가 베푼 친절의 결과로 해석하고 기도를 올리십시오.

이런 경건한 바침은 두 가지 주제, 즉 공양을 올리는 행위와 그 행위 뒤에 있는 생각과 관련하여 논의됩니다.

이들 중에 첫 번째, 공양 올리는 행위는 열 가지 관점에서 논의됩니다. 먼저 붓다들의 나툼에 바치는 것이 있습니다. 이것은 붓다들의 특별한 화신에 자신의 간절한 마음을 집중하는 행위를 말합니다.

그런 다음 탑에 바치는 것이 있습니다. 다시 말해, 붓다의 유물을 담고 있는 기념물에 간절한 마음을 집중합니다.

세 번째는 직접 공양 올리기입니다. 붓다나 탑의 상 앞에 실제로 바치는 것입니다.

네 번째는 간접적인 공양 올리기입니다. 여기에는 붓다나 탑의 실제 상이 존재하지 않습니다. 오히려, 이들 상들의 모습을 상상하고 그러고 나서 이들에게 공양물을 보냅니다.

붓다나 탑의 실제 상에 바칠 때 공양을 받는 그 상이 실은 그러한 상들 모두와 본질상 같다고 생각하며 공양을 올려야 합니다. 다시 말해, (실제로 하든 상상으로 하든) 석가모니 부처님의 상이나 그의 유물을 담고 있는 탑에 공양을 올리는 것은 한 곳이지만, 삼세(三世)와 열 방향의 모든 붓다들과 모든 탑에 공양이 간다고 상상합니다. 이것은 전례가 없는 공덕의 에너지 파장을 일으킵니다.

다음 조언은 공양 올리는 의식을 자신이 하라는 것입니다. 이는 무관심이나, 게으름으로 인해 또는 아무 생각 없이 다른 이들이 자신을 대신하여 공양을 올리도록 하지 않는다는 것을 뜻합니다. 더 정확히 말하면, 자기의 두 손으로 직접 제단 위에 공양물들을 올리라는 겁니다.

여섯 번째는 자신을 대신하여 다른 누군가에게 공양을 올리게 하는 것입니다. 여기에서는 어떤 사람이 빈곤으로 고통 받고 있음을 알게 되어 자비가 마음을 움직여, "삼보에 바치게 하여 이 사람이 선업의 에너지를 쌓도록 내가 돕는다면, 이로 인해 그는 행복으로 인도될 것이야."라고 생각합니다. 그러나 자신의 두 손으로 직접 이 과정에 참여해야만 합니다. 이는 공덕의 에너지를 특히나 최고로 만듭니다.

그 다음은 물건을 바치는 것입니다. 이에는 꽃, 향, 버터등불, 좋은 냄새가 나는 물, 음식, 음악, 옷, 장신구 등등과 같은 물건들이 있습니다.

여덟 번째는 광대한 바치기입니다. 이는 공양을 올리는 과정의 기간, 보이는 것이든지, 보이지 않는 것이든 간에 물질의 질과 양, 강인한 정신자세 등등을 말합니다.

공양을 올린 공덕의 뿌리는 비할 데 없는 깨달음에 바쳐야 합니다.

그 다음은 무명에서 자유로운 바치기입니다. 이는 무관심, 게으름, 의식 없음 등등과 같은 무명의 영향 아래로 떨어짐이 없이, 자신의 두 손으로 바친다는 것을, 다른 이들이 그렇게 하기를 권하는 것을, 강력한 확신을 가지고 그렇게 한다는 것을, 도움이 되지 않는 방향으로 마음이 방황하도록 놔두지 않는다는 것을, 무명의 영향 아래로 떨어짐이 없이 그렇게 한다는 것을, 대가로 뭔가 물질적인 것을 받을 것이라는 바람 없이 그렇게 한다는 것을, 적절한 것만을 제공한다는 것을 뜻합니다.

그런데 정확히 어떤 것들이 적절하지 않은 것일까요? 이에는 악령 쫓기와 악령 제거하기 등등에 사용되었던 향, (독성이 있는) 꽃 백화채 (Gynandropsis pentaphylla), 독이 있거나, 해롭거나, 대단히 혐오스런 물건과 같은 것들이 포함됩니다.

실제 물건을 바치는 것에 대해 말하자면, 이들을 본인이 준비할 수 없거나 다른 사람들로부터 얻을 수 없다면, 삼세의 모든 붓다들이 행하신 이런 성격의 바치기에 크게 기뻐하는 것만으로 족합니다.

또한 들꽃과 과일, 숲, 깨끗한 물, 보석, 땅이나 바다 속에 발견되지 않은 상태로 놓여있는 귀중한 보석 등등과 같은 주인이 없는 것들을 바칠 수 (또는 바치는 모습을 상상할 수) 있습니다.

열 번째는 수행을 바치는 것입니다. 이에는 사무량심[43]과 사법인(四法印, four seals of Dharma)에 대해 명상하기, 삼보와 초월적 완전함에 대해 기억하고 잊지 않기, 고에 대해 명상하기, 깨달음의 37 날개들에 대해 명상하기, 초월적인 완전함 기르기, 수행자들에게 이익이 되는 네 가지 방식에 대해 명상하기 등등과 같은 수행이 있습니다.

이 공양 올리기는 다음과 같이 설명할 수 있습니다. 위에 주어진 10가지 골자에 따라 삼보에 공양을 올릴 때, "셀 수 없이 많은 공덕의 에너지가 이렇게 작은 바치기에서 일어나는구나."라고 생각해야 합니다. 이를 일으키기 위해서는 비할 데 없는 훌륭함이 행해지는 곳, 비할 데 없는 이로움이 생기는 (삼보라는 귀의) 장소가 있어야 합니다.

---

43) 四無量心, four immeasurable attitudes. 사랑, 연민, 기뻐하기, 평정심.

또한 바치기의 핵심 대상, 즉 모든 중생들 중에 최고인 붓다들이 있습니다. 우담바라(udumvara) 꽃처럼 드물게 이 세상에 나타나시는 보석들, 우주의 스승으로 이바지할 운명을 지닌 단 한 명의 붓다만이 삼천 대천세계 속에 한 명씩 나타나시기에 어느 누구도 필적할 수 없는, 이 세상과 그 너머의 세상 속의 모든 선한 것들을 뒷받침하고 계시는 붓다들이십니다.

일상 활동 속에 귀의를 포함시키는 것이 중요합니다. 예를 들어, 먹는 것과 마시는 것은 우리가 매일 즐기는 행위입니다. 따라서 매 식사의 작은 부분을 삼보에 바치면 우리의 선업 창고를 쉽고 간단하게 늘릴 수 있습니다. 그러므로 여러분이 즐기는 것이 무엇이든지 간에 작은 일부를 삼보에게 보내는 바치기를 하십시오.

(iii) 세 번째로, 위대한 자비를 마음에 새겨 잊지 않고 항상 생각하며, 다른 이들이 귀의하도록 장려해야 합니다.

(iv) 모든 일에서 그리고 필요한 모든 것을 삼보라는 귀의처에 의지해야 하고, 이들에게 바쳐야 하고, 그러고 나서 기도를 올려야 합니다. 성공은 반드시 뒤따를 것입니다. 그러지 않고 비불교도인들이 하듯이 어려울 때에 세속적인 신들에게 의지한다면, 별로 성공할 것 같아 보이지 않습니다.

(v) 다섯 번째로, 귀의하여 얻게 되는 이로움에 대해 계속 알고 있어야 하며, 이 이해를 바탕으로 낮에 세 번 그리고 밤에 세 번 귀의 문구를 암송해야 합니다. 그렇기 때문에 귀의가 주는 이로움을 아는 것이 중요합니다. 이는 두 가지 방식, 즉 *요약*에 제시된 방식과 구두 전수 속에 제시된 방식으로 설명합니다.

*요약*은 네 가지 귀의의 이익에 대해 두 쌍을 제시합니다. 첫 번째 쌍의 네 가지 유익한 효과에는 광대한 공덕의 에너지를 쌓게 된다, 기쁨과 최고의 행복을 얻게 된다, 놀라운 수준의 명상을 성취하게 된다, 놀라운 지혜를 얻게 된다가 있습니다.

불멸의 북소리 다라니(The Dharani of the Immortal Drumbeat)[34]
는 말합니다.

> 성취한 붓다들은 상상할 수도 없네,
> 신성한 불법은 상상할 수도 없네,
> 고귀한 승단은 상상할 수도 없네,
> 이들의 이로움은 상상할 수도 없네.

또한 축약된 반야경(The Condensed Perfection of Wisdom Sutras)[35]은 말합니다.

> 귀의의 공덕 에너지가
> 물질의 모습을 취한다면,
> 삼천 대천세계가 너무나도 작은 그릇이 될 것이네.
> 어떻게 광대한 바다의 물을
> 단지 한 숟갈씩 떠서 양을 잴 수 있겠는가?

억념에 대한 말들(The Sayings on Mindfulness)[36]에서,

> 어떤 사람이라도 낮과 밤에 세 번씩
> 붓다들을 새겨 기억하고
> 붓다들에게 귀의하면,
> 인간으로 환생하게 될 것이네.

이는 불법에 귀의하는 것에도, 승단에 귀의하는 것에도 그대로 적용됩니다. 이러한 많은 이로움들을 숙고하는 것으로, 기쁨과 최고의 행복을 경험합니다.

세 번째와 네 번째 요소는 다음과 같이 설명합니다. 영적 안정을 도모하기 위해 지도와 영감을 받으러 삼보에 의지합니다. 이러한 안정성에 기반하여 계 수행을 이룰 수 있고, 차례로 이를 토대로 하여 명상적 몰입 수

행을 이루게 됩니다. 자신을 돕는 계와 명상으로, 지혜 수행을 쉽게 이룹니다. 그런 다음 이어서 지혜 성취로 영적 해탈을 쉽게 이루게 됩니다.

귀의로부터 일어나는 네 가지 이로운 효과의 두 번째 쌍에는 '큰 보호를 받는다, 원치 않는 고통을 일으키는 이전에 발생했던 영적 가림(무명)이 정화된다, 신성한 존재들과 함께 있게 된다, 깨달은 그리고 고귀한 모든 존재들을 기쁘게 한다'가 있습니다.

구두 전통에서 언급되는 귀의의 유익한 효과는 여덟 가지입니다. 첫 번째는 불교 공동체의 일원이 된다는 것입니다. 불교도란 그 정의에 있어 붓다들을 스승으로, 불법을 해탈과 깨달음의 실제 근원으로, 승단을 그 길을 따라 수행하는 이들을 돕는 벗으로 의지한다는 의미입니다. 역으로, 확고한 귀의를 계발하지 못했다면, 다른 어떤 영적 가르침들을 함양했다고 해도 그는 불자가 아닙니다.

두 번째 유익한 효과는 다양한 수준의 계를 받기에 적합한 그릇이 된다는 것입니다. 내려놓음(renunciation)을 바탕으로 한 귀의와 안정된 마음으로 개인의 해탈을 위한 일곱 가지 계 중에서 어떤 것이든 받을 수 있습니다.

세 번째는 이전에 쌓았던 업의 힘이 정화된다는 것입니다. 이를 설명하는 잘 알려진 한 일화가 여러 경전에 들어있습니다. 다음 생에 돼지로 태어나게 된다는 것을 미리 안 데바푸트라(devaputra)[37]가 있었습니다. 크게 걱정이 되어, 가르침과 영감을 얻기 위해 삼보에 귀의했습니다. 그 결과 상서롭지 못한 환생을 피하게 되었습니다. 그의 귀의의 힘이 낮은 환생의 원인이 될 수도 있었던 악업의 씨앗과 무명을 정화했습니다. 부정적인 힘들이 극복되어, 그는 달갑지 않은 운명을 피했습니다. 이와 관련해 어느 경전에서는 다음과 같이 말합니다,

> 붓다들에게 귀의하는 이들은
> 낮은 영역에 환생하지 않네.
> 이 인간의 몸을 떠날 때
> 더 높은 세상에 환생한다네.

이와 똑같은 개념이 불법이나 승단에 귀의할 때도 동일하게 적용됩니다.

네 번째 유익한 효과는 선업을 엄청나게 쌓게 된다는 것입니다. *불멸의 북소리 다라니*의 말을 반복해 보면,

> 성취한 붓다들은 상상할 수도 없네,
> 신성한 불법은 상상할 수도 없네,
> 고귀한 승단은 상상할 수도 없네,
> 이들의 이로운 효과는 상상할 수도 없네.

다섯 번째, 어떠한 낮은 영역(삼악도)에도 환생하지 않게 됩니다. 이 점에 대해서는 이전에 인용했던 경전 문구가 여기서도 동일하게 적용됩니다.

> 붓다들에게 귀의하는 이들은
> 낮은 영역에 환생하지 않네.
> 이 인간의 몸을 떠날 때
> 더 높은 세상에 환생한다네.

여섯 번째로, 악한 사람들과 사람이 아닌 악한 존재들이 더 이상 우리에게 해를 끼칠 수 없게 됩니다. 한 경전은 말합니다,

> 많은 사람들이, 공포로 인해,
> 안전한 곳과 성역을 찾아
> 산과, 정글, 암자,
> 성지, 나무로 뛰어가네.
>
> 그러나 이들은 진정한 귀의처가 아니라네,

이들은 실제로 보호해 줄 수 없다네.
결국 이들에게 의지하는 이들은
불행에서 해방될 수 없다네.

그러나 언젠가 붓다들에, 불법에, 승단에 귀의한다면
그리고 지혜의 두 눈으로
네 가지 고귀하고 숭고한 진실의 본성을 본다면,

고통에 대한 진리, 고통의 원인에 대한 진리,
모든 수준의 고통의 멈춤에 대한 진리,
그리고 고귀한 팔정도의
기쁨을 주는 진실의 본성을 본다면,
그 사람은 열반 자체를 얻네.

이것이 진짜 귀의라네,
이것이 최고의 보호를 제공해주네.
결국 이에 의지하는 이들은
모든 고통에서 자유로워지네.

구두 전수에서 말하는 일곱 번째 이익은 귀의를 통해 자신의 모든 염원이 성취된다는 것입니다. 영적 행위를 행할 때마다 먼저 귀의에 대해 명상하고 삼보에 경의를 표해야 합니다. 그러고 나서 이 일이 성공되도록 기도를 올립니다. 여러분의 바람은 원하는 대로 이뤄질 것입니다.

여덟 번째는 결국 완전하고 완벽한 깨달음 상태(삼약삼보리)를 이루게 된다는 것입니다. 이것은 한 경전에, "확신과 함께, 개인적인 한계들은 재빨리 사라지고…" 등으로 설명되어 있습니다. 다시 말해, 삼보에 의지하여 얻게 되는 이로움에 대한 확신을 통해 귀의할 수 있고 인간 환생을 얻을 수 있습니다. 인간으로 환생하는 것이 영적 길에서 진전을 이루는 데에 바람직한데, 이를 현명하게 활용하면 지고한 상태인 완벽하고 완전한 (삼약삼보리) 붓다의 경지를 성취할 수 있습니다.

이와 같은 삼보의 많은 이로움들에 대한 인식을 길러야 하고, 낮에 세 번, 밤에 세 번 매일 귀의문을 암송해야만 합니다.

(vi) 여섯 번째 조언은 농담으로라도 또는 목숨이 위태롭더라도 자신의 귀의를 결코 저버리지 말아야 한다는 것입니다. 결국 이생을, 이 몸을, 자신의 모든 소유물을 떠나게 됩니다. 그러나 영적 가치들에 관한 자신의 서원에서 멀어지는 것을 허용하게 된다면 부정적인 효과들이 미래의 여러 생들에 이어질 것이고, 커다란 불행을 경험하게 될 것입니다. 그러므로 무슨 일이 있더라도 결코 자신의 귀의를 저버리기 마십시오.

삼악도의 고통에 대해 건전한 걱정을 일으키는 목적은 타고난 본능, 즉 고통을 피하고 행복을 성취하려는 본능에 더욱 현실적인 시각을 갖기 위함입니다. 결국 몸, 말, 마음의 부정적인 행동은 우리에게 고통을 안겨주는 업의 씨앗을 만들고, 우리가 쌓은 긍정적인 업의 씨앗은 행복과 기쁨을 가져옵니다. 우리는 이 지식을 확신케 하는 방편들에 대해 명상해야 합니다. 보살의 길에 대한 안내(입보리행론)는 말합니다,

> 불행은 부정적인 행동에서 태어나네.
> "이 상황에서 어떻게 자유를 성취할 수 있단 말인가?"
> 밤낮으로 항상
> 나는 이 질문만을 생각해야 하네.

또한 (같은 책) 다른 곳에서,

> 붓다 자신이 영적 확신을
> 모든 긍정적 방편의 뿌리라고 말했네.
> 그 뿌리가 흔들림 없이 성장토록 하기 위해
> 고통의 점진적 성격에 대해 명상하게.

어떤 방편이 이 영적 확신을 일으키는 것일까요? 가르침, 즉 깨달음 전수가 그 방편입니다. 완전한 성취를 이룬 붓다들은 원인과 결과라는 인과

법칙의 가장 섬세한 작용을 직접 인지합니다. 대자비 때문에 그리고 붓다는 진실을 왜곡하지 않기 때문에 삼악도의 고통에 대해 말합니다.

먼저 우리는 고통이 어떻게 불선업에서 오는지, 행복이 어떻게 선함에서 오는지를 관찰해야 합니다. 그리고 나서 우리는 불선업을 버리고 선을 길러야 합니다.

1.2.3.3 불선업의 마음 정화하기

의심에 여지없이 우리 안에는 과거로부터 많은 불선업의 씨앗들이 쌓였습니다. 지금도 이따금씩, 생각이 없어지는 마법에 걸려 부정적인 행동을 저지릅니다. 우리는 네 가지 대항력의 적용을 통해 이러한 불선업의 씨앗을 지닌 우리 자신을 정화해야 합니다.

네 가지 불법을 드러낸 경전(The Sutra Revealing the Four Dharmas, 四法經)[38]에서 말한 것처럼,

> **붓다들과 보살들은 네 가지 대응력을 완전히 익히셨다. 이들 네 가지는 (깨닫기 이전까지) 축적해온 불선업의 씨앗을 능가하는 힘을 지녔다.**
>
> **이들 네 가지는 무엇인가? 참회, 해독 효과가 있는 수행의 적용, 부정적인 방식을 멈추겠다는 다짐, 의존의 힘이다.**

이렇게 하여 네 가지 대항하는 힘들(四對治法)이 1) 참회의 힘, 2) 치유 효과가 있는 수행의 적용, 3) 부정적인 방식을 멈추겠다는 다짐, 4) 의존의 힘임이 확인되었습니다.

1.2.3.3.1. 참회의 힘

참회의 힘을 적용하여 마음을 정화한다는 것은 업보가 무르익고 있음을 깊이 생각하면서, 원치 않는 부정적인 행동들의 업보에 대해, 그 원인

의 본질과 일치되는 결과들에 대해, 이 과정의 전반적인 작용에 대해 숙고하는 것을 의미합니다.[39]

1.2.3.3.2. 치료제의 적용

불선업의 씨앗을 지닌 마음을 정화하는 여섯 가지 치유 수행은 다음과 같습니다.

(i) 첫 번째는 *대승장엄경*에 "*반야에 대한 경전*(The Sutra on the Perfection of Wisdom)[40]과 같은 심오한 경전들을 지니거나 읽어라."라고 언급되어 있습니다.

(ii) 그 다음은 공(emptiness)에 대해 명상하는 것입니다.[41] 공명상과 같은 명상들은 불선업의 씨앗들이 우리에게 끼치는 영향을 직접적으로 치유합니다. 공을 알아차리고 공에 대해 명상하는 것은, 모든 부정적인 행동의 뿌리인 자아(ego)에 대한 집착을 초월하도록 이끌어줍니다.

(iii) 세 번째 정화 수행은 만트라(mantra, 진언)의 암송입니다. 이는 금강살타(Vajrasattva) 백자 만트라 등과 같이 영적 정화와 연관된 특별한 탄트라 만트라와 다라니들을 지칭합니다.[42] 일반적으로 이들은 특정 전통에서 가르치는 명상과 의례의 단계에 맞게 적용해야 됩니다. *수바후가 요청한 경전*(The Sutra Requested by Subahu)[43]은 말합니다.

> 늦여름 숲을 덮치는 불길은
> 쉽고 **빠르게** 광대한 지역을 파괴하네.
> 마찬가지로, 만트라와 다라니의 불길이
> 자기 규율의 바람에 의해 일어나게 되면,
> 그 활활 타오르는 불의 열기는
> 불선업의 씨앗이라는 방대한 숲을 모두 태워버리네.

정화의 표시가 자신의 꿈 속에 나타날 때까지 만트라나 다라니 암송을 계속해야 합니다.

(iv) 네 번째 치유 효과가 있는 수행은 깨달음의 상을 만드는 것입니다. 이는 깨달은 존재들에 대한 올바른 이해를 지니고, 붓다들, 또는 보살들의 상, 혹은 깨달음 관련 기념물들(탑)을 짓거나 이를 의뢰하는 걸 의미합니다.

(v) 다섯 번째 수행은 마음이 지닌 부정적인 본능을 정화하기 위해 붓다들에게 또는 이들의 상에 공양을 올리는 것입니다.

(vi) 여섯 번째는 이름에 의존하는 것입니다. 이는 붓다들과 보살들 등등의 이름을 암송하거나 기억해 내는 것입니다.

1.2.3.3.3. 다짐

세 번째 대항력은 앞으로는 부정적인 방식에서 멀어지겠다는 생각을 내는 것입니다. 이런 다짐이 없는 정화 수행이란 단순한 발성 연습일 뿐입니다.

1.2.3.3.4. 의존의 힘

네 번째 대항력은 의존의 힘입니다. 여기에서는 삼보에 대한 귀의 그리고 보리심, 즉 가장 높은 깨달음에 대한 이타적 염원에 대한 명상에 의지합니다.

이 네 가지 대항력이 불선업의 씨앗들을 지닌 마음을 정화하는데 얼마나 효과가 있을까요? 이것은 수행이 강력하게 행해지는지 그렇지 않은지, 네 가지 힘 모두가 존재하는지 그렇지 않은지, 수행을 뒷받침하는 생각이 강한지 그렇지 않은지, 수행한 시간의 길이 등등과 같은 여러 요소에 의해 결정됩니다.

이 네 가지 대항력들을 수행한 효과는 다양한 방식으로 나타납니다. 때로는 큰 고통을 가져다 줄 수 있는 가능성을 지닌 업의 씨앗이 단지 적은 고통만을 가져오는 가능성으로 줄어듭니다. 또는 여전히 삼악도에 환생하게 되지만, 일반적으로 그런 환생에 수반되는 불쾌한 경험을 하지 않게 됩니다. 또한 낮은 환생을 하게 만드는 업의 씨앗들이 지금 이 생에 무르익어 단순한 두통으로 화합니다. 또는 오랜 기간 견뎌야만 하는 낮은 환생이 이제는 짧아집니다.

어떤 경전에서는 네 가지 대항력을 통한 정화의 필요성에 대해 다음과 같이 말합니다.

**중생들의 업의 씨앗들은
심지어 백 억겁이 지나도 사라지지 않네.**

업의 씨앗들이 작용되지 않도록 바꾸는 것에 대해 말하면서 동시에 업의 씨앗은 결코 파멸되지 않는다고 말하는 위와 같은 경전 문구를 인용하는 것이 모순처럼 보일 수도 있습니다. 그러나 모순은 없습니다. 일반적으로 업의 씨앗의 잠재성은 펼쳐질 때까지 그 상태로 남아있지만, 이는 네 가지 대항력으로 정화하지 못한 씨앗에만 해당됩니다.

또한 때때로 경전에서 "선택은 없으며 결국 우리의 업이 익어가는 결과에 직면하게 된다…"라고 말하는 것을 보게 됩니다. 이는 장님이 되는 것과 같이 이미 이생에서 우리가 원치 않는 결과를 낳은 업의 씨앗들을 언급하고 있음을 주목해야 합니다. 네 가지 대항력은 업의 씨앗의 잠재적 효과를 무력화시키는 것이지, 이미 활성화 된 씨앗의 효과를 무력화시키는 것이 아닙니다.

얼마 동안 원인과 결과의 인과 법칙에 대해 명상해야 할까요? 지금 우리는 세속적인 활동을 최우선으로 여기고, 영적 노력은 부차적인 것으로 여깁니다. 이것이 뒤바뀔 때까지, 즉 영적 계발을 최우선으로 여기고 세속적인 활동을 부차적으로 여기게 될 때까지 업보에 대해 명상해야 합니다.

1.2.4 윤회하는 삶의 불만족스런 본질에 대한 숙고

낮은 환생의 원인인 부정성을 초월하고 높은 환생의 원인인 선함을 기르면 충분할까요? 대답은 '아니요' 입니다. 이것을 성취하는 것만으로는 충분하지 않습니다. 윤회하는 삶 전체가 그 본질에 있어 고통이기 때문에 우리는 모든 윤회의 고통을 초월한 해탈을 이루려 애써야 합니다.

왜 윤회의 모든 것이 본질상 고통이라고 하는지에 대해 말하자면, 삼악도에 대해 우리가 앞에서 (이런 세상들에 대한 묘사에서) 언급했던 것을 기억해보면 이것이 왜 진실인지를 알 수 있습니다. 그리고 높은 세상에 대해서도 마찬가지입니다.

더 높은 윤회 세상에서의 고통을 숙고하는 것에는 세 가지 항목, 즉 1) 인간 세계의 고통, 2) 아수라들(asuras)의 고통, 3) 데바들(devas), 즉 천상 존재들의 고통이 있습니다.

1.2.4.1 인간 세계의 고통에 대해 숙고하기

윤회하는 더 낮은 세 영역(삼악도)에 존재하는 모든 종류의 불행과 아픔이 인간 세계에도 존재합니다. 우리들은 생로병사의 고통을 겪고, 불쾌하고 악한 사람들과 마주치며, 사랑하는 사람들과 헤어지고, 배고픔과 갈증의 고통, 열기와 냉기의 고통 등등을 겪습니다. 석가모니 부처님의 법구경은 말합니다,

> **낮은 세계에서 발견되는 모든 고통들이
> 이 인간 세상에도 존재하는 것처럼 보이네.**

일반적으로, 운이 좋은 사람들은 걱정과 스트레스와 같은 주로 정신적인 고통을 경험합니다. 운이 덜 좋은 사람들에게 고통은 주로 육체적인 고충으로 나타납니다. 두 부류 모두 매일 이들 두 가지 방식들 중 하나에 의해 고통을 받습니다. *사백 편의 시들(The Four Hundred Verses)*[44]은 말합니다.

> **운이 좋은 이들은 마음의 고통을 경험하네.**
> **평범한 사람들은 몸으로 고통을 경험하네.**
> **이 세상 중생들에게는 매일**
> **이 두 가지 끔찍한 고통이 덮치네.**

1.2.4.2 아수라 세계의 고통에 대해 숙고하기

아수라 세계의 불만족스러운 속성은 (나가르주나의) *친구에게 보낸 편지*에 다음과 같이 설명되어 있습니다.

> **본래 아수라들은**
> **데바들의 영광을 몹시 질투하네.**
> **그래서 불행하네.**
> **지능이 있지만, 아수라 세계의 여러 한계로 인해**
> **더 높은 수준의 진리를 알아차릴 수 없네.**

아수라들은 자신들의 끌한테조차 인색합니다. 신의 세계의 더 높은 영광을 지독히 질투하여, 계속해서 전쟁을 일으키는 것 같습니다. 그 결과 이들은 손발과 몸뚱이에 난 상처로 고통을 받습니다. 더욱이, 이 세계에서의 삶은 영적 비전(vision)을 가질 기회를 제공하지 않습니다.

1.2.4.3 데바 영역의 고통

신들이 경험하는 고통은 두 가지로, 욕계천[44]에서 경험되는 고통과 더 높은 천상계에서 경험되는 고통입니다.

*친구에게 보낸 편지*는 이들 중 첫 번째에 대해 말합니다,

데바들의 즐거움은 실로 강렬하네,
그러나 죽을 때 그들의 고통은 더 강렬하다네.

여기에 쓰인 것처럼, 욕계천의 데바들이 엄청난 즐거움을 누린다고 해도, 죽음이 가까워졌을 때 이들에게 다가오는 다섯 가지 고통은 즐거움보다 더 큽니다. 무엇이 이 다섯 가지인가요? 피부의 아름다움이 사라지는 것을 지켜봐야만 하고, 자신들의 영광의 꽃목걸이들이 시드는 것을 지켜봐야만 합니다. 그리고 이들은 편히 앉을 수가 없게 됩니다. 결함이라고는 없었던 의복도 얼룩투성이가 되고, 흠이라고는 없었던 몸도 땀을 흘리게 되고 기타 여러 방식으로 더러워집니다.

색계천[45] 또는 무색계천[46]의 데바로 태어난 더 높은 신들에 대해 말하자면, 이들 또한 아픔에서 벗어날 수 없습니다. 비록 이들이 표면적인 부정적 경향들을 초월했고 그래서 고통에 대한 감각을 실제로 느낄 수는 없다지만, 그럼에도 불구하고 섬세한 수준의 정신적 왜곡과 무명이 이들의 마음흐름 속에 여전히 존재합니다. 더욱이 이들은 천상에 영원히 머물 수 있는 능력을 가지고 있지 않습니다. 언젠간 이들도 죽게 됩니다. 그러고

---

44) 欲界天. 관능의 천상계. Kamadhatu.
45) 色界天. 형태가 있는 천상. Rupadhatu. 식욕과 음욕은 여의었으나 물질을 완전히 여의지 못한 물질적 세계.
46) 無色界天. 형태가 없는 천상. Arupadhatu. 욕망과 물질을 완전히 여읜 정신계 혹은 관념의 세계.

나면 환생해야 합니다. 삼악도 중에 하나에 환생할 수도 있습니다. 하늘로 날아갔다가 추진력이 소진되고 나면 지상으로 다시 떨어지는 화살과 같이, 이들을 천상의 영역으로 보냈던 업의 힘이 다 타버리고 나면 낮은 세계로 다시 떨어집니다. 그러면 이들도 윤회하는 세상에 수반되는 온갖 불행들을 경험하게 됩니다.

따라서 어디에 태어나든지 간에 이 세 가지 차원의 세상 모두가 여전히 불행한 곳입니다. 동반자가 누구든지 간에 항상 고통이 따라 옵니다. 그리고 어떤 소장품을 모으든지 간에 아니면 어떤 즐거움을 탐닉하든지 간에, 불만족에서 벗어날 수 없습니다. 윤회 속에 있는 모든 것들은 원래 고통이기 때문에, 우리들은 왜곡과 고통을 겪기 쉬운 상태를 모두 초월한 영적 해탈을 얻도록 애써야 합니다.

윤회의 온전하지 못한 온갖 상태들과 고통을 초월하기 위해서 우리는 이 고통의 원인을 먼저 알아야만 합니다. 무엇이 이 원인인가요?

불순한 업의 힘과 마음의 무명, 이 두 가지입니다. 무명이 존재하지 않으면 업의 힘도 무력해지고, 무명이 존재하게 되면 미래에 윤회하도록 만드는 환생의 씨앗으로 작용하게 될 카르마적 본능을 계속해서 쌓게 되기 때문에, 마음의 무명이 이 둘 중에 주된 것입니다.

자, 그럼, 어떻게 무명의 힘을 제거할 수 있을까요? 이것은 스스로 지킴, 명상적 몰입, 지혜라는 세 가지 더 높은 배움(三學)을 시작하는 것으로 이룰 수 있습니다.

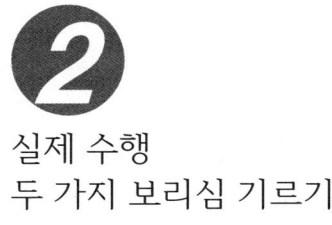

실제 수행
두 가지 보리심 기르기

위에서 말한 대로, 세 가지 더 높은 배움을 통해 개인의 영적 해탈을 얻을 수도 있습니다. 그러나 이것으로 충분할까요?

대답은 '절대 아니요' 입니다. 개인적인 해탈로, 윤회를 일으키는 탐닉에 대한 집착은 초월할 수 있게 되지만, 그럼에도 불구하고, 초월하고 성취해야 할 것이 남기 때문에, 자신의 목표나 세상에 대한 자신의 의무를 최종적으로 이룬 것은 아닙니다.

그러므로 결국 대승의 수행, 즉 위대한 길에 들어가야만 합니다. 그렇기 때문에, 지혜를 지닌 이들은 배움을 시작하는 처음부터 이 길에 들어섭니다. 더욱이 대승으로 들어가는 유일한 길은 깨달음에 대한 염원, 즉 모든 중생들의 이익을 위해 붓다의 경지를 성취하고자 하는 보리심을 기르는 것입니다. 그러므로 현명한 이들은 이와 같은 특별한 마음가짐을 기르는 것으로 시작합니다.

왜 보리심을 대승으로 들어가는 유일한 길이라고 할까요? 명상적인 몰입 또는 공의 지혜를 자각하지 못했어도, 보리심만 있다면 대승의 길에 들어서게 됩니다.

역으로, 명상적 몰입과 공의 지혜를 얻었다고 해도, 마음흐름 속에 보리심이 약해진다면, 위대한 길에서 벗어나게 됩니다.

수행자가 보리심 속에 머물러 있으면, 동물이나 벌레에게 약간의 음식을 주는 것과 같은 아주 사소한 행동조차 보살행이 됩니다. 역으로, 보리심이 부족하면 가장 심오한 수행조차 보살행이 될 수 없습니다. 명상적인 몰입, 심오한 공에 대한 숙고, 탄트라 신과 자신을 동일시하기, 섬세한 에너지와 채널에 작용하는 강력한 탄트라 요가 등등과 같은 방편들도 더 이상 대승의 자격을 갖지 못합니다.

그러므로 깨달음에 이르는 위대한 길을 성취하고 싶은 이들은 보리심을 기르는 것으로 시작합니다.

보리심 그 자체에는 두 가지 형태, 즉 관습적 보리심[1]과 궁극의 보리심[2]이 있습니다. 이들 중에 전자는 모든 중생들에게 이익을 주기 위해 최고의 방편인 완전한 깨달음을 성취하고자 하는 사랑과 연민에 기반을 둔 마음 상태를 지칭하고, 후자는 공, 존재의 더 깊은 본성, 아공(我空)과 법공(法空, 현상의 공성)을 인지하는 지혜를 지칭합니다.

따라서 실제 수행에는 1) 가장 높은 깨달음을 열망하는 이타적 염원인 관습적인 보리심 기르기, 2) 공에 대한 지혜인 궁극의 보리심 기르기라는 두 가지 측면이 있습니다.

---

1) 세속보리심(世俗菩提心)이라고도 한다. 실재에 기반해 있지는 않지만 일상적인 생활에 필요하다는 의미로 '관습적인'을 선택했다.
2) 승의보리심(勝義菩提心)이라고도 한다.

2.1 관습적인 보리심 기르기

관습적인 보리심 기르기에 대한 논의에는 1) 보리심을 일어나게 하는 원인들, 2) 배움의 실제 단계들, 3) 진전의 표시, 4) 보살 서원을 낳게 하는 의례, 즉 정식으로 보살이라는 이상에 자신을 바치겠다고 다짐하는 의식이 포함됩니다.

2.1.1 보리심을 일어나게 하는 원인들

보살 수행의 개요(Compendium of Bodhisattva Trainings)[45]에서 (인도인) 마스터 샨티데바는 보리심이 일어나는 네 가지 상황, 네 가지 원인, 네 가지 힘에 대해 말합니다.

1. 네 가지 상황은 다음과 같습니다.

(a) 붓다들과 보살들의 경이로운 훌륭함에 대해 듣거나 보고, 그 결과 "나도 세상에 이익이 되기 위해 깨달음을 얻어야겠다."라는 생각을 하게 됩니다.

(b) 위와 같은 걸 직접 경험하지는 못했지만, 위대한 길에 대한 경전을 읽거나 들으면 붓다들과 보살들에 대한 경이로운 묘사에 고무되어 깨달음에 대한 이타적 염원이 일어납니다.

(c) 위의 두 조건이 일어나지는 않았지만, 세상의 영성 상황에 대한 걱정에서 벗어나지 못하는 경우입니다. 깨달음을 얻는 방편이 세상에서 사라질지도 모른다는 걱정에서 영적 길의 보존을 돕고자 가르침을 완전히 익히고 깨달음을 성취하겠다고 결심합니다.

(d) 마지막으로, 순전히 보살 정신의 더할 나위 없는 아름다움과 그 희귀성에 대한 올바른 이해로부터 보리심이 일어나는 사람도 있습니다. 이들은 "성문과 독각의 영적 길이 희귀하다고 말할 수도 있지만, 고귀한 보

리심은 훨씬 더 희귀하지 않은가!"라고 생각합니다. 이러한 올바른 이해 속에서 보살의 이상을 성취하고자 하는 강한 바람을 갖습니다.

2. 네 가지 원인은 다음과 같이 설명됩니다. (a) 대승의 성향을 자신의 마음흐름에 불어넣는 이전 생들로부터의 강력한 카르마적 본능. (b) 대승 마스터의 지도. (c) 다른 중생들을 위하는 자비의 마음. (d) 위대한 길을 완수하려는 수행자들을 괴롭히는 시련에 힘들어하지 않는 정신.

3. 네 가지 힘. (a) 개인의 힘, 즉 자기 자신의 노력을 통해 깨달음에 대한 생각을 기릅니다. (b) 다른 이들의 힘, 즉 영적 친구의 격려가 가장 높은 깨달음을 염원하도록 만듭니다. (c) 원인의 힘, 과거 여러 생에서 기인한 본능을 지칭하는 것으로 깨달음에 대한 생각의 원인으로 작용합니다. (d) 적용된 힘, 이생에서 적용하는 명상의 힘과 익숙함의 힘입니다.

2.1.2 배움의 실제 단계들

관습적인 보리심을 일으키는 두 가지 주요 방편이 있습니다. 1) "원인과 결과의 일곱 단계 구술 전통 기법"이라고 알려진 것과 2) "자기 소중히 여기기를 타인 소중히 여기기로 바꾸는 구술 전통"이 있습니다.

2.1.2.1 일곱 단계 구술 전통 기법

이 방법에서 일곱 단계란, 모든 중생들이 한때 자신의 어머니였다고 인지하기, 그 어머니의 은혜를 회상하기, 이 은혜에 보답하겠다는 생각내기, 모든 존재들을 소중하게 보는 사랑 일으키기, 연민 일으키기, 보편적 의무감이라는 특별한 마음가짐 일으키기, 보리심 그 자체, 즉 깨달음을 지닌 이타적 생각 일으키기입니다. 결국 가장 높은 깨달음의 성취는 이 일곱 단계에 기반을 두고 있습니다.

위의 일곱 단계 기법은 두 가지 일반적인 주제, 즉 1) 수행 동안 일어나게 되는 영적 특성과 2) 수행의 실제 단계들로 다뤄집니다.

2.1.2.1.1 일어나게 되는 영적 특성

이것은 두 가지 항목, 즉 a) 왜 자비가 위대한 길의 뿌리인가와 b) 왜 일곱 요소가 원인과 결과로 작용하는가로 논의됩니다.

2.1.2.1.1.1. 왜 자비가 위대한 길의 뿌리인가

위대한 자비는 대승 수행의 시작 단계에서 초석이 됩니다. 왜냐면 보편적 배려 없이는 위대한 길에 들어설 수 없는데, 보편적 배려는 자비에 달려 있기 때문입니다. 모든 중생을 윤회의 불행으로부터 자유롭게 하겠다는 다짐은 위대한 자비의 힘을 통해서 이뤄지기 때문에, 위 주장은 이성이 뒷받침해줍니다. 자비가 약해지면, 이 다짐도 일어나지 않습니다.

불멸의 지혜 경전(The Sutra of Unfading Wisdom)[46]은 "보살의 위대한 자비가 위대한 길에 들어서기 위한 완벽한 예비단계다."라고 말합니다. 또한 *신성한 산의 경전*(The Sutra of the Sacred Mountain)[47]에서는 "모든 보살행의 시작은 위대한 자비심 기르기다."라고 말합니다.

위대한 자비는 대승 수행 과정 내내 한결같이 중요합니다. 초기에 자비를 경험할 수도 있지만, 반복적으로 이에 익숙해지도록 만들고 이를 강화하여 끝까지 밀고 나가지 않으면, 중생들의 끝없는 개체수와 이들의 표면적인 수많은 결점들로 당황하게 될 위험이 있습니다. 또한 배워야 할 것들도 너무 많고 수행과정에 겪게 될 어려움들도 너무 많아 쉽게 피곤해질 수 있습니다.

역으로, 위대한 자비에 대해 정기적으로 명상하게 되면, 개인의 행복은 염두에 두지 않게 되고 이타적 보살행 속에서 확고부동한 안정을 얻습니다. 이로 인해 자신의 마음흐름 속에 모든 영적 자질들이 증대됩니다.

마지막으로, 위대한 자비는 위대한 길의 완성에 없어서는 안 됩니다. 위대한 자비가 존재하지 않는 깨달음은 성문 아라한들과 독각들의 자기만족적인 개인의 해탈을 말하는 것입니다. 이 경험을 전지한 붓다 경지로 완전히 변형시키고 윤회의 세상이 텅 빌 때까지 모든 중생들을 위하겠다는 용기를 불러일으키는 것은 이 위대한 자비의 힘입니다.

우리가 어떤 식물을 기르고 싶다면, 처음에 비료와 씨앗을 확보해야만 합니다. 중간에는 싹이 정확한 양의 물, 햇빛, 비료 등등을 받는지를 확인해야 합니다. 끝으로, 그 식물이 꽃을 피우고 열매를 맺는 단계에 이르기 위해서는 지속적으로 성장해야만 합니다.

이와 마찬가지로 위대한 길을 시작할 때에는 위대한 자비라는 씨앗이 필요합니다. 중간에 물, 햇빛, 수분에 해당하는 것이 위대한 자비입니다. 마지막에 온갖 깨달음 활동을 낳고 유지시켜주는 것도 위대한 자비입니다.

(인도인 불교 마스터 찬드라키르티는 자신의) 논서 *중관에 대한 안내(A Guide to the Middle View)*[48]에서 다음과 같이 말했습니다.

붓다들이 거둔 엄청난 수확의 씨앗은 자비라네.
또한 자비는 씨앗을 성장시키는 물이며 기타 등등이라네.
그리고 자비는 식물이 열매를 맺도록 해주는 힘이라네.
그러므로 나는 위대한 자비에 먼저 예배드리네.

2.1.2.1.1.2. 어떻게 일곱 요소들이 원인과 결과로 작용하는가
이것은 (a) 모든 중생들을 자신의 어머니로 인식하기에서부터 이들 모두를 소중하게 여기는 사랑에 도달하는 처음 다섯 단계들이 어떻게 원인으로 작용하는가와 (b) 보편적 의무감과 보리심이 어떻게 결과로 작용하는가라는 두 가지 항목으로 논의됩니다.

(a) 어떻게 첫 번째 다섯 요소가 원인으로 작용하는가

중생들이 겪기 쉬운 고통을 반복적으로 명상하면 쉽게 자비심을 일으킬 수 있다고 합니다. 그러나 이 자비를 즉각적으로 일어나게 되고 그 강도가 들쑥날쑥 하지 않고 안정되기 위해서는 모든 중생들을 소중하고 귀하게 여기는 보편적인 사랑의 마음을 단단하게 다져야 합니다.

왜 그럴까요? 우리에게 해를 입힌다고 생각되는 누군가가 어려운 상황을 겪고 있는 걸 보게 되면, 바로 그 순간 우리는 그 사람의 불행에 크게 기뻐합니다. 또한 이방인이 어려움들을 겪는 걸 보게 되면, 그저 무관심할 뿐입니다. 우리가 진정으로 관심을 갖는 것은 친구와 친척들뿐입니다. 우리에게는 모든 중생들을 소중하게 여기는 의식이 부족합니다.

우리가 사랑하는 이들로만 한정되어 있는 지금의 좁은 테두리내의 이런 공감의 느낌을, 어떤 편애도 없이 모든 중생들에게로 확장해야합니다. 이것이 위대한 자비심을 경험하는 토대로 작용하는 마음입니다.

우리는 친구 또는 깊이 사랑하는 친척들과 맺고 있는 관계를 모든 중생들과 맺고자 합니다. 우리가 다른 모든 존재들을 친구와 친척으로 명상하는 것은 이 때문입니다. 다른 모든 존재들을 아름답다고 보는 사랑의 마음이 생겨납니다.

더욱이, 아이에게 어머니의 은혜는 다른 모든 은혜를 넘어선 것이기 때문에, 가장 가까운 이는 어머니입니다. 모든 중생이 한때 자신의 어머니였음을 상상하는 명상이 일곱 단계 기법 중에 맨 처음인 이유가 바로 이 때문입니다.

모든 존재들이 자신의 어머니였었다는 인식으로부터, 어머니의 엄청난 은혜를 인식하게 되고, 이들의 은혜에 보답하겠다는 염원이 일어납니다. 이것은 차례로 편애하지 않는 아름다운 사랑의 마음을 일으키고 그래서 남의 고통을 그냥 두고 보지 못하게 됩니다.

(b) 어떻게 마지막 두 요소가 결과로 작용하는가

위의 다섯 가지 요소, 즉 모든 존재들이 한때 자신의 어머니였다고 인식하기, 어머니의 은혜에 대해 인식하기, 이들의 은혜에 보답하겠다는 생각 일으키기, 사랑과 연민 일으키기는 일곱 단계 기법의 마지막 두 요소의 기반이 됩니다. 여기서 마지막 두 요소란 보편적 책임감이라는 비범한 자세와 보리심인데, 보리심은 다른 이들을 이롭게 하는 최고의 방편인 가장 높은 깨달음에 대한 열망입니다.

몇몇 스승들은 여섯 번째 요소인 보편적 책임감이라는 이 특별한 마음가짐에 대해 명상할 필요가 없다고 말합니다. 보리심은 위대한 자비로부터 직접 일어날 수 있다고 주장합니다.

저는 동의하지 않습니다. 위대한 자비의 힘을 본인이 느끼는 보편적 책임감과 연결하기 때문에 일곱 단계 기법에서 여섯 번째 단계는 중요합니다. 이것은 보리심을 경험하게 되는 중요한 원동력이며, 옛 스승들이 이를 권했던 것도 바로 이런 이유 때문입니다. 이런 이유로 이를 대충 얼버무리고 넘어가서는 안 됩니다.

보편적 책임감이라는 이 비범한 마음가짐을 어떻게 명상하는 것일까요? 일곱 단계 기법 중에 첫 번째 다섯 단계들을 명상한 후에, "나는 다른 이들의 행복을 지키고 이들을 고통에서 해방시키는데 직접 이바지할 것이다. 시작이 없는 시간 이래로 이들은 매번 내게 생명이라는 선물을 주었고 내가 해를 입지 않도록 보호해 주면서, 되풀이해서 내 어머니가 돼 주셨다. 이런 식으로 모든 중생들은 내게 큰 은혜를 베풀어줬다. 나는 이들을 오로지 사랑과 자비로 대하고 이들이 필요로 하는 모든 것을 채워주는 것으로 이들에게 보답할 책임이 있다. 내 스스로 직접 그렇게 하겠다."라는 생각을 일으키고 이 생각에 머뭅니다.

"어떻게 내가 세상사에 필요한 것들을 채워줄 수 있을까? 지금 나는 내게 필요한 것조차 채울 수가 없는데, 다른 이들이 필요로 하는 것들을 채워준다는 것은 무슨 소리인가? 더욱이, 부분적이래도 성취를 이룬 성문 아라한들과 독각들조차 세속적인 목표들 중에 일부만을 채워줄 수 있는데 말이야."라는 의문이 일어납니다.

"그럼, 중생들의 온갖 차원의 요구를 누가 이뤄줄 수 있겠는가? 전지한 존재로부터의 한 줄기 빛, 한 번의 기적적인 행위, 또는 가르침 한 마디가 셀 수 없이 많은 중생들을 성숙시키고 깨울 수 있기 때문에, 오로지 인간의 모든 한계를 초월하고 모든 훌륭한 특성들을 성취하신 완전히 깨우친 존재인 붓다만이 그렇게 할 수 있다."

이 깨달음으로, "내 자신이 완전하고 완벽한 붓다의 경지를 성취해야만 한다."라는 생각이 일어납니다.

일곱 번째 단계인 관습적 보리심은 바로 이와 같은 결연한 다짐입니다.

2.1.2.1.2 수행의 실제 단계들

이에는 세 가지 주요 측면, 즉 1) 다른 이들을 걱정하는 마음 기르기, 2) 깨달음에 관심 갖는 마음 기르기, 보리심을 경험하게 되는 3) 수행의 결실 통합하기가 있습니다.

2.1.2.1.2.1 다른 이들을 걱정하는 마음 기르기

이에는 마음의 이 특별한 성질을 일으키는 a) 기반 준비하기와 b) 실제로 일으키기라는 두 가지 수행이 있습니다.

2.1.2.1.2.1.a. 기반 준비하기

기반을 준비하는 데에는 모든 중생들에 대해 평정심 계발하기와 다른 이들을 소중하게 여기는 마음 계발하기라는 두 가지 수준의 수행이 있습니다.

모든 중생들에 대해 평정심 계발하기. 다른 모든 이들이 행복해지기를 바라는 보편적 사랑과 모두가 고통에서 자유롭기를 바라는 연민의 영적 특성들을 경험하기 위해서, 그리고 중생을 향한 집착이나 혐오가 편애라는 질병을 일으키고 지속시키기 때문에, 중생에게 집착이나 혐오로 반응하는 습관을 초월하는 것이 먼저 필요합니다. 그렇지 않으면 사랑과 연민은 차별적이 됩니다. 우리가 여기서 일으키기를 원하는 사랑과 연민은 모든 중생들을 똑같이 대해야 합니다. 그러므로 우리가 확립하길 바라는 기반은 완전한 평정, 즉 네 가지 헤아릴 수 없는 영적 특성들(사무량심, 四無量心)[49] 중에 네 번째인 평정심입니다.

각각의 존재는 자신들을 지극히 중요하다고 여기기 때문에, 존재들 관점에서 보면 모두가 평등합니다. 또한 이들 각자가 특정 과거생애에 우리의 어머니였기 때문에, 우리의 관점에서 보더라도 모두가 평등합니다.

여기에서 우리는 후자의 측면에 대해 명상합니다. 어떤 방식일까요? 이것은 친구와 적, 가까운 사람과 먼 사람에 차별을 두지 않고 모든 존재들을 똑같이 보는 것입니다. 모두를 똑같이 소중하게 여기는 법을 배워야 합니다.

위에서 말한 대로, 존재들의 관점에서 보면, 이들 모두는 동등합니다. 모두가 똑같이 행복은 얻길 원하고 고통은 피하길 원합니다. 우리의 관점에서 보면, 모두가 시작이 없는 시간 이래로 이런 저런 때에 우리의 어머니셨고, 그때 우리에게 생명과 생명을 유지하는데 필요한 것들을 친절하게 제공해 주셨습니다.

시작이 없는 시간 이래로 줄곧 우리에게 친구였거나 적이었던 존재는 없기 때문에, 여기에서는 존재들을 친구 아니면 적으로 분별하는 경향을 제거하는 것이 강조되어야 합니다.

명상은 다음과 같이 진행됩니다. 여러분이 어떤 특별한 감정을 전혀 느끼지 않는, 우정이나 적의를 느끼지 않는 한 사람의 모습을 상상하는 것으로 시작합니다. 그리고 나서 예를 들어 친구들과 여러분의 어머니와 아버지, 친척들을 포함시킵니다. 마지막으로 여러분이 적의나 혐오를 느끼는 존재들을 포함시킵니다. 목표는 여러분이 감사함을 느끼는 영역 안에 결국 모든 중생들을 다 포함시키는 것입니다.

다른 모든 이들을 소중하게 여기는 마음 계발하기. 이것은 일곱 단계 보리심 기법, 즉 (i) 모든 중생들이 한때 우리의 어머니였음을 인식하기, (ii) 그 어머니의 은혜를 기억하기, (iii) 이들에게 보답하겠다는 바람으로 이뤄져 있습니다.

(i) 모든 중생들이 자신의 어머니였음을 인식하기. 여기에서는, 시작이 없는 시간 이래로 우리나 다른 이들이 무한한 이전 환생들을 어떻게 경험해 왔는지에 관해 숙고합니다. 여러 생을 거쳐 우리는 다른 모든 존재들과 온갖 종류의 관계를 맺게 된 것입니다. 특히, 살아있는 각각의 존재들은 이런 저런 때에 우리의 어머니이셨습니다. 윤회하는 삶은 끝이 없고, 따라서 우리의 삶, 죽음, 환생도 끝이 없습니다. 심지어 전지한 존재조차도 우리에게 어머니가 아니었던 사람을 찾을 수는 없습니다.

경전에는 이런 말이 있습니다. "과거를 포함해서 생각해 볼 때, 어떤 특정 존재가 태어나지 않았던 곳, 살지 않았던 곳, 죽지 않았던 곳은 없다. 그런 곳은 거의 없다. 마찬가지로, 우리 모두는 서로에게 거듭해서 아버지, 어머니, 아이, 스승, 영적 안내자, 친구가 되어왔다. 우리가 이런 관계를 맺지 않았던 존재를 찾기란 어렵다."

(ii) 어머니의 은혜 기억하기. 여기에서는, 이생의 어머니를 본보기로 삼는 것이 관행입니다. 그분의 모습을 여러분 앞 공간에 상상하고 "어머니는 시작이 없는 시간 이래로 내 모든 삶에서 내 어머니셨다. 어머니는

내게 어머니로서의 은혜를 거듭 보여주셨다. 특히, 이생에서 어머니는 나를 자신의 자궁 속에 품으셨다. 그때 어머니는 오로지 나의 안녕만을 생각해서 음식을 가려 먹고 행동을 삼가는 것과 같은 큰 고충을 나를 위해 겪으면서도, 할 수 있는 모든 방식을 동원해 나를 세심하게 보호하셨다. 내가 태어나는 건 그녀에게 엄청난 고통이었지만, 내가 인간이라기보다는 끈적끈적한 빨간 벌레의 모습에 더 가깝게 태어났을 때조차 어머니는 온기를 주려 부드러운 두 손으로 나를 다정하게 끌어 올려 당신 몸에 가져갔다. 그때 이후로 어머니는 나를 먹이고 씻겼고, 유아기 내내 나를 조심스럽게 지켜보셨다. 어머니는 내가 배고플 때 내게 음식을 주셨고, 갈증이 났을 때 마실 것을 주셨고, 비바람으로부터 보호가 필요했을 때 옷을 주셨다. 이런 식으로 어머니는 엄청난 자신 희생을 감수하며 나를 보살피셨다."라고 생각하십시오.

"어머니는 심지어 내게 인간 삶이라는 귀중한 선물을 주셨다. 이로 인해 나는 영적 가르침을 받을 수 있고 해탈과 전지의 깨달음을 얻게 해주는 방편인 공부, 숙고, 명상의 세 갈래 수행을 할 수 있다. 어머니는 내가 아픈 것을 바라보기 보다는 당신이 그 질병을 겪기를 바라고, 나를 죽게 놔두기 보다는 차라리 당신이 죽기를 원하셨다. 간단히 말해, 어머니는 모든 수단을 동원하여 내게 이익을 주셨다."

강력한 감사의 느낌이 일어날 때까지 이 방식으로 명상을 계속 해야 합니다. 감사의 느낌이 일어날 때, 상상하던 이생의 어머니의 모습을 여러분의 아버지의 모습으로 바꿉니다. 아버지 역시 많은 과거생에서 여러분의 어머니였으며, 그때에 어머니로서 모든 은혜를 베풀었음을 명상하십시오.

그리고 나서 이 이미지를 친구, 친척, 적, 다른 모든 중생들로 바꾸십시오. 어떻게 이들 모두가 많은 이전 생에서 어머니로서 큰 은혜를 베풀어 주셨는지를 명상하십시오.

(iii) 이 은혜에 보답하려는 생각 내기. 여기에서는, 죽음, 중간 상태(바르도), 환생의 강력한 경험에 의해 마음의 기억이 흐릿해졌음에도 불구하고 다른 모든 이들이 자신의 어머니였었으며 여러분에게 커다란 은혜를 베풀었음을 기억하는 것으로 시작합니다.

그리고 나서 "그렇다면, 내가 어찌 이들을 불친절하거나 잔인하게 대할 수 있겠는가?"라고 질문합니다. *한 제자에게 보내는 편지*(*Letter to a Disciple*)[50]에서 말하는 것처럼,

> 윤회의 바다로 던져지는 중생들은
> 강력한 소용돌이 속에 잡혀 있는 것과 같네.
> 무한한 과거 여러 생에서 이들 모두가
> 서로에게 어머니였음을 기억하지 못한 채,
> 삶, 죽음, 환생을 거듭하네.
> 이들에게 무관심하다면 천박한 것이 아닌가?

자신의 어머니를 무시하고 내팽개치는 것은 가장 야비하며 천박한 사람들에게조차 용납이 되지 않습니다. 이럴진대, 모든 존재들이 내게 보여줬던 은혜에 어떻게 보답하지 않을 수 있겠습니까? 이들의 은혜에 친절로 보답해야 합니다.

어떻게 이들의 은혜에 보답할 수 있을까요? 시작이 없는 시간 이래로 존재들은 온갖 종류의 윤회 속에서 즐거움을 경험했지만, 이는 덧없으며 무(無)로 사라집니다. 이들에게 필요한 것은 해탈, 즉 영원한 행복입니다. *나가 왕의 북 장단에 맞춘 시들*(*Verses Tuned to the Naga Kings Drum*)[51]에서 말한 것처럼,

> 대양, 산들의 왕(수미산), 웅장한 대륙들도
> 세상의 은혜에 보답하지 못하는 부담에 비하면
> 무겁지 아니라네.

천박하지 않은 이들은 이를 이해하고
세상의 선함을 위해 일하네.
이들에게는 중생들의 은혜가 헛되지 아니하네,
그리고 현명한 이들은 이들을 최고라고 칭송하네.

다시 말해, 깨달음의 방식에 따라 다른 이들을 위해 행동함으로써 이들에게 보답하겠다는 생각은 현명한 이들이 최고의 보답이라 칭송하는 것입니다.

2.1.2.1.2.1.b. 다른 이들을 걱정하는 마음 실제로 내기

이 과정은 일곱 단계 기법에 있는 다음 세 가지 단계에 의해 완성됩니다. 즉, (iv) 다른 이들을 소중하게 여기는 사랑에 대한 명상, (v) 이들이 고통에서 자유롭기를 바라는 연민에 대한 명상, (vi) 보편적 책임감에 대한 명상입니다.

(iv) 사랑에 대한 명상. 여기에서는 "행복을 상실한 이들이 행복을 갖기를, 그리고 이들이 행복 속에 계속 남기를" 바라는 생각에 단순히 머무릅니다.

사랑에 대해 명상하여 얻는 이익은 *몰입의 왕* 경전에 다음과 같이 묘사되어 있습니다.

백만 개의 세상과 똑 같은 크기의 공양을 매일
신성한 깨달은 존재들 모두에게 바친다고 해도,
사랑에 대한 단 한 번의 명상보다 더 큰
공덕의 에너지를 만들진 못하네.

또한 다른 곳에서 말하길, "부처님이 계신 곳에서 발견되는 것과 맞먹는 지고의 기쁜 명상적 몰입 속에 머물 수 있을는지도 모르지만, 아니면 억겁 동안 스님으로 살 수 있을는지도 모르지만, 이들 중에 어느 것도 삼

매(samadhi) 속에서 사랑이라는 주제에 대해 한 번 명상하여 만들어지는 공덕의 에너지를 만들지는 못할 것이다."

더욱이 *소중한 꽃목걸이(A Precious Garland, Ratnavali, 보행왕정론, 寶行王正論)*[52]에서 (인도인) 마스터 나가르주나는 보편적 사랑에 대해 명상하는 수행자는 인간과 신성한 존재 모두에게 즐거움이 되며 그 결과 이 수행자는 신의 보호라는 아주 좋은 행운을 얻는다고 말합니다.

사랑에 대한 명상은 먼저 자기 어머니의 모습을 상상의 본보기로 삼아 수행해야 합니다. 그리고 나서 계속해서 아버지, 친척들, 친구들, 아는 사람들, 이방인들, 적들, 모든 중생들의 모습을 상상합니다. 이들 각각이 전생에서 자신의 어머니였다는 것을 숙고합니다. 이제 이들이 행복을 잃었다는 것을 알게 되었으니, "이들이 행복과 행복의 원인들을 갖게 되기를, 이들이 항상 행복 속에 머물기를" 염원합니다.

이 명상이 진전되었다는 표시는 부모가 외동아이의 행복을 바라는 것과 같이 강렬하게 다른 모든 중생들에 대해 행복을 바라게 되는 것입니다.

(v) 연민에 대한 명상. "고통으로 괴로워하는 모든 중생들이 고통과 그 원인들에서 자유롭게 되기를. 이들이 항상 고통에서 자유로운 상태에 머물기를" 바라는 염원 속에 머뭅니다.

연민에 대한 명상의 유익한 효과는 위에서 설명한 사랑에 대한 명상의 효과와 동일합니다.

이 명상은 사랑에 대한 명상과 비슷한 방식으로 진행됩니다. 즉, 자신의 어머니를 시각화하는 것으로 시작해서 결국 모든 중생들을 다 포함시킵니다. 모든 존재들이 자신들의 삶에서 고통을 경험하고 있는 방식에 대해 명상하십시오. 그리고 나서, 이들이 모든 고통과 슬픔에서 자유롭게 되기를 염원하십시오.

이 명상에서 진전의 표시는 어머니가 통증으로 괴로워하는 외동아이에 대해 느끼는 것과 같이 강렬하게 모든 존재들에 대해 연민을 느끼기 시작하는 것입니다.

(vi) 보편적 책임감이라는 비범한 자세. 여기에서는 "괴로운 상태에 있는 존재들이 고통으로부터 자유로워지기를. 모든 존재들이 행복에 머물게 되기를. 내 자신이 모든 가능한 방식으로 이 두 가지 목표에 기여하기를" 바라는 생각을 숙고합니다.

이렇게 하여 일곱 단계 기법의 첫 번째 여섯 단계는 다른 이의 안녕, 즉 세상의 안녕을 걱정하는 마음을 일으키는 방편으로 분류됩니다. 깨달음에 관심을 갖는 마음은 이를 기반으로 생겨납니다.

2.1.2.1.2.2 깨달음에 관심 갖는 마음 기르기

위의 여섯 단계에 대한 명상이 성숙 단계에 도달할 때, "모든 중생들에게 이익이 되는 걸 이루고 싶다. 하지만 사실 완전히 깨달은 존재인 붓다만이 모든 방면에서 그리고 모든 수준에서 실제로 그렇게 할 수 있다. 따라서 모든 중생들의 이익을 위해 나는 최고의 깨달음이라는 비할 데 없는 상태를 얻도록 애쓸 것이다."라는 생각이 자연발생적으로 일어납니다.

이것이 관습적인 보리심을 일으키는 일곱 단계 명상을 간단히 행하는 방식입니다. 이것은 깨달음 염원, 즉 보살의 시각을 일으키는 효과적인 방편입니다.

2.1.2.1.2.3 수행의 결실 통합하기

일곱 단계 기법의 마지막 결실은 염원의 보리심[3], 즉 가장 높은 깨달음을 향한 이타적 신심을 일으키는 것입니다. 이 염원의 본질은 세상을 이

---

3) Aspirational bodhimind. 원보리심(願普提心).

익 되게 하는 것만도 아니고 깨달음만을 얻는 것도 아니라, 오히려 이 두 가지 이상(理想)의 결합, 즉 세상을 이익 되게 하는 수단으로 깨달음에 매진하는 것입니다.

이것이 염원의 보리심의 본질입니다. 일단 보리심이 일어나게 되면 적용의 보리심[4], 즉 너그러움, 지침 따르기, 인내, 신명 나는 노력, 명상적인 안정, 지혜의 여섯 완전함[5]과 같은 보살 수행 실천을 시작할 수 있습니다. 염원의 보리심이 있기 때문에 이 활동들이 보살 수행과 깨달음의 원인으로 변형되는 것입니다.

염원의 보리심은 *명확한 깨달음에 덧붙임*(The Ornament of Clear Realizations)[53]에 간단명료하게 설명되어 있습니다.

> 염원의 보리심은
> 세상을 이롭게 하고자 하는 방편으로
> 전적이고 완전한 깨달음을 성취하려는 바람이네.

보리심을 염원과 적용의 측면 두 가지로 나눈 것은 *보살의 길로의 안내*(*입보리행론*)에 다음과 같이 설명되어 있습니다.

> 관습적인 보리심이 세분 될 때는
> 염원의 보리심과 적용의 보리심 두 가지 측면을 갖네.
> 이들 중에 하나는 먼 도시에 여행가기를 바라는 것과 같고
> 다른 하나는 거기로 데려가는 동작과 같네.

따라서 관습적 보리심은 두 가지 측면을 갖습니다. 하나는 염원과 관련이 있고 다른 하나는 실제 적용과 관련 있습니다. 이 둘 모두의 기반으로 작용하는 것은 가장 높은 깨달음을 향한 이타적 염원입니다.

---

4) Applicational bodhimind. 행보리심(行菩提心).
5) 보시, 인욕, 지계, 정진, 선정, 지혜의 육바라밀.

전문가의 주석이 여기어 필요할지도 모릅니다. 여섯 가지 완전함(육바라밀)과 같은 보살 수행을 실천하든지 그렇지 않든지에 상관없이, 보살의 길을 완수하겠다는 서원어 의해 자신의 마음흐름이 강화되기 전까지, 그 사람의 수준은 염원의 보리심 수준에 남아있습니다. 오로지 보살 수행 속에 살겠다는 정식 서원과 염원의 보리심이 결합될 때라야 적용의 보리심의 특성을 완전히 부여 받게 됩니다.

(카말라쉬라의) 명상의 단계들(The Stages of Meditation)[54]의 첫 번째 절에서는 이런 식으로 말합니다.

무한한 중생들의 이익을 위해 붓다의 경지를 성취하겠다는 바람은 염원의 보리심이다. 그 위에 보살의 길을 완수하겠다는 서원을 취하고 그 결과 공덕과 지혜 쌓기 속에 머물려 애쓰면, 적용의 보리심 영역에 들어간 것이다.

이것으로 "원인과 결과의 일곱 단계 구술 전통 기법"이라 알려진 방편으로 보리심 일으키기에 대한 저의 논의를 마무리합니다. 저는 이제 "자기-인식(self-awareness)을 타인에 대한 인식(awareness of others)으로 바꾸는 기법"[6)]으로 알려진 구술 전통 방법에 들어갑니다.

2.1.2.2 자기-인식을 타인에 대한 인식으로 바꾸기

자기-인식을 타인에 대한 인식으로 바꾸기를 통해 보리심을 일으키는 기법은 세 가지 항목, 즉 1) 보편적인 자세를 기르는 것의 이점과 그렇게 하지 않았을 때의 불리한 점, 자기-인식을 타인에 대한 인식으로 바꾸기에 대한 명상에 익숙해짐을 통해 2) 이기주의를 변형시키는 마음의 능력, 3) 이 바꾸기에 대한 명상의 단계들로 제시됩니다.

---

6) 자타교환법이라고도 한다.

2.1.2.2.1 보편적인 자세를 기르는 것의 이점과 그렇게 하지 않을 때의 불리한 점

자기를 소중히 여기는 것이 이 세상 모든 갈등의 원인이라고 합니다. 다른 이들을 소중히 여기는 것은 모든 행복의 근원이라고 합니다. *보살의 길로의 안내*(입보리행론)에서는 이렇게 말합니다.

> **존재하는 모든 행복은
> 다른 이들의 기쁨을 바라는 것에서 생겨나네.
> 그리고 존재하는 모든 불행은
> 자기만의 행복을 바라는 것에서 생겨나네.
> 뭘 더 말할 필요가 있겠는가?
> 영적으로 성숙되지 못한 이들은 자신만을 생각하네,
> 반면에 붓다들은 다른 이들만을 생각하네.
> 이 둘 사이의 차이를 보라.**

또한 같은 책의 다른 곳에서,

> **즐거움에 대한 집착을
> 타인의 곤경에 대한 진심 어린 걱정으로 바꿀 수 없다면,
> 깨달음을 성취하는 데에는 어떤 희망도 없네,
> 그리고 세속적인 일에서조차 기쁨이 없다네.**

2.1.2.2.2 이기주의를 변형시키는 마음의 능력

자기 안에 있는 자기 소중히 여기기가 극복되면 다른 이들을 소중히 여기는 경향이 강화됩니다. 이는 이 두 가지가 본질상 서로 반대이기 때문입니다. 즉, 자기를 소중히 여기는 것은 모든 부정적 성향의 근원이고, 다른 이들을 소중히 여기는 것은 모든 의미 있는 관계 형성의 원천입니다. 자기 소중히 여기기가 제거되면, 다른 이들을 소중히 여기는 마음이 성장하는 데에는 장애가 거의 사라지게 됩니다.

이론상으로는 이것이 가능할지도 모르지만, 실제로는 다른 이들을 소중히 여기는 생각이 일어난다고 해도 매우 드물고 따라서 마음이 진정으로 이에 익숙해질 기회가 없다고 주장 할 수도 있습니다.

모든 중생들을 소중히 여기는 마음을 일으키는 것이 쉽진 않기 때문에, 이런 종류의 비판은 계를 지키는 수행을 하지 않는 사람에게는 일부 사실일 수도 있습니다. 그러나 다른 이들을 소중히 여기는 명상을 지속적으로 하면 명상의 대상과 점점 더 친숙해질 수 있기 때문에, 명상적인 노력을 통해 이를 성취할 수 있습니다.

예를 들어, 의심스럽고 적대적인 관계를 신뢰와 우정의 관계로 바꾸는 것이 쉽지는 않지만, 이에 몰두하고 따뜻하며 창의적인 환경의 틀 안에서 다른 사람과 점차 친숙해진다면, 이를 성취할 수도 있습니다. 사실, 이전에는 단지 걱정과 불편만을 주던 사람과 너무나 가까워진 나머지, 다른 곳으로 이사를 가게 되면 그리워지게 될 수도 있습니다. 자기 소중히 여기기(自利)는 우리 자신의 행복과 안녕을 위해 애쓰게 만들고, 타인 소중히 여기기(利他)는 다른 이들의 행복과 안녕을 위해 애쓰게 만듭니다. 보통 우리는 이 두 본능 중 자기를 소중히 여기는 본능을 중시합니다. 그러나 우리와 타인 모두 똑같이 행복과 안녕 속에 머물기를 원하고, 똑같이 고통으로부터 자유로워지기를 원하기 때문에, 이 둘 모두 똑같이 타당합니다.

그러므로 위대한 길의 수행자들은 행복을 얻고 불행을 피하고자 하는 바람 속에서 모든 존재들이 동등하다는 것을 배우게 됩니다. 그리고 이들은 더 이상 자신의 이익이 다른 모든 이들의 이익 위에 있다고 여기지 않습니다.

여러분은, "이들이 겪고 있는 고통으로 인해 내 행복이 줄어드는 것도 아니고, 이들이 행복하다고 내게 이익이 되는 것도 아니니, 내가 다른 이들의 안녕을 걱정해야 할 필요는 없어. 사실, 상황은 정반대지. 내 행복과 즐거움은 내게 직접 이익을 주고, 내가 경험하는 고통이나 아픔은 내게 직접 해를 주기 때문에, 나를 소중히 여기는 것은 내게 매우 유익해."라고 생각할 수도 있습니다.

그러나 이런 유의 추론은 건설적이고 책임 있는 행동을 낳는 논리와 맞지 않습니다. 우리가 현재 지속적인 변화를 겪고 있는 걸 보면, 미래의 자아가 현재의 자아와 같은 개체라고 말할 수는 없습니다. 따라서 (다른 개체인) 미래의 자아에게만 이익이 될 행동을 (또 다른 개체인) 현재의 자아가 왜 지금 해야 하나요? 어떤 행동이 결과를 낳을 때, 그 행동을 원래 했던 사람은 이미 바뀌어 더 이상 (같은 개체로) 존재하지는 않게 될 것입니다. 행동의 결실을 경험하는 사람은 더 이상 그 행동을 했던 사람이 아닙니다.

보편적 책임감을 인정하지 않는 것은 발에 통증이 손에 영향을 주지 않기 때문에 손은 발을 괴롭히는 통증을 제거하기 위해 어떠한 시도도 할 필요가 없다고 말하는 것과 같습니다!

아마도 우리는 현재의 자아와 미래의 자아가 같은 존재의 흐름을 지녔고, 손과 발은 같은 개체의 일부인 반면에, 나와 다른 이들은 전적으로 다른 두 개의 서로 관련이 없는 범주의 현상이기 때문에 이들 예시들이 타당하지 않다고 주장할지도 모릅니다. 그러나 이 주장도 또한 설득력이 없습니다. 의식의 순간들을 연결하는 흐름[7]이나 어떤 쌓인 것[8]의 서로 다른 부분들 그 자체는 진정한 존재성을 갖지 않으며 따라서 단지 서로 무관한 것입니다.

---

7) 여기서는 존재의 흐름.
8) 온(蘊, aggregate). 여기서는 우리의 몸.

자기 소중히 여기기를 타인 소중이 여기기로 바꾸는 것은 정확히 무엇을 말하는 걸까요? 자신을 다른 누구로 생각하는 것도 아니며, 예를 들어, 자신의 눈을 남의 눈으로 생각하는 것도 아닙니다.

이 개념은 평범한, 배우지 못한, 영적으로 계발되지 않은 사람들은 일반적으로 다른 중생들의 안녕에 대해서 전혀 책임을 느끼지 않고 자신과 자신의 직계인 사랑하는 이들에게만 관심이 있다는 것입니다. 이 경향을 바뀌고 뒤집어야 합니다. 우리는 다른 이들의 행복에 더 많은 관심을 갖게 되는 방법과, 때때로 개인적 희생을 치르더라도 다른 모든 중생들을 소중히 여기고 이들의 행복을 기원하는 법을 배우길 원합니다.

2.1.2.2.3 바꾸기 명상의 단계들

명상은 1) 모든 비난의 대상 파악하기, 2) 타인의 친절에 대한 명상, 3) 타인 소중히 여기기, 4) 실제로 자기-인식을 타인 인식으로 바꾸기라는 네 가지 단계로 진행됩니다.

2.1.2.2.3.1. 모든 비난의 대상 파악하기

우리가 경험하는 좌절, 어려움, 괴로움에 대해 그 원인으로 여겨야할 대상을 원전에서는 다음과 같이 말하고 있습니다.

모든 비난을 하나의 대상에 하라.

우리에게 닥치는 온갖 해로움과 어려움들은 본질적으로 자기를 소중히 여기는 태도가 그 원인입니다. 인간과 인간이 아닌 존재들이 야기하는 해들로 인해 우리가 경험하게 되는 고통의 근원에는 자기를 소중히 여기는 태도가 있습니다. 우리가 질병으로 겪게 되는 괴로움조차, 그리고 우리가 경험하는 모든 공포와 두려움조차 자기 소중히 여기기가 이를 뒷받침하고 있는 것입니다.

비난의 대상은 바로 여기 우리 자신의 의식 흐름 속에 있기 때문에, 우리는 우리 바깥에서 찾을 필요가 없습니다. 시작도 없는 시간 이래로 우리는 개인적인 안락과 즐거움을 최고의 목표로 여기고 집착해왔습니다. 그 결과 이 목표를 마음에 두고, 우리가 "원하는"것을 얻고 "원하지 않는"것을 피하기 위해 끝이 없는 사악한 투쟁 속으로 계속해서 끌려들어가며, 끝없는 부정적인 업을 만들어왔건만 원하는 결과도 얻지 못했습니다. 이 집착은, 우리의 욕망을 채워주진 않고, 원치 않는 고통, 좌절감, 아픔만을 가져다주었습니다. 경전에서 말하는 대로,

**세상에 존재하는 온갖 고통,
겪게 되는 모든 공포와 불행은
자기를 소중이 여기는 태도에서 생기네.
다른 어떤 귀신을 내쫓을 필요가 있단 말인가?**

자기 소중히 여기기는 시작이 없는 시간 이래로 셀 수 없는 과거생에서만 우리에게 해를 입힌 것이 아닙니다. 지금도 계속해서 우리에게 해를 입히고 있습니다. 자기 소중히 여기기가 동기가 되어 우리는 지속적으로 개인적 안락과 즐거움을 쫓아다니고, 이런 시도 속에 기만적이며 교활하고 무수한 사악한 게임에 빠집니다. 이는 갈등과 다양한 불선업을 낳는 행동으로 우리를 이끕니다.

여전히 자기를 소중히 여기는 태도를 제거하는데 성공하지 못했기 때문에, 우리는 계속해서 사악한 부정적 성향의 순환 속으로 끌려들어가 계속 우리 자신을 여러 불유쾌한 조건들, 슬픔, 아픔의 거대한 소용돌이 속의 미래로 내던집니다. 그러므로 우리는 자기를 소중히 여기는 태도를 우리의 가장 깊은 적으로 여겨야만 하며 이를 초월하기 위해 모든 노력을 다 해야 합니다.

시작이 없는 시간의 시작 이래로 우리들은 자기를 소중히 여기는 태도에 충실해왔지만, 그럼에도 불구하고 이것은 단지 좌절과 불행으로 우리

에게 보답했고, 깨달음의 길로 가는 우리를 막아왔습니다. 반면에, 우리가 타인을 소중히 여기는 이상(理想)으로 향하고 자기를 소중히 여기는 경향을 제거하려 했다면, 우리는 오래 전에 최고의 상태인 붓다의 경지를 얻었을 것입니다. 과거에 자기를 소중히 여기는 태도에 취했던 열과 성의를 이 순간부터 줄곧 타인을 소중히 여기는 태도에 보내야 합니다.

2.1.2.2.3.2. & 2.1.2.2.3.3. 타인의 친절에 대한 명상과 타인 소중히 여기기

이생의 어머니의 모습을 상상하고 그녀가 많은 이전 생에서 각 생마다 어머니가 되어 은혜로 우리를 보호했음을 회상하는 것으로 시작합니다. "내가 어머니의 은혜를 은혜로 보답해야만 한다."라고 숙고합니다.

그러나 어떻게 타인을 도울 수 있을까요? 기쁨을 주는 것으로 그리고 긍정적인 행위로 격려하는 것입니다. 기쁨을 주는 것은 직접 이익을 주며, 긍정적인 행위는 미래에 상서로운 조건들로 결실을 맺게 될 선업의 씨앗을 심도록 격려하기 때문에 간접적인 이익을 줍니다.

그리고 무엇이 이들에게 해를 줄까요? 고통은 직접적으로 해를 줍니다. 그리고 부정적인 행위는 미래에 고통으로 그리고 상서롭지 못한 조건들로 결실을 맺게 될 불선업의 씨앗이기 때문에 간접적으로 해를 줍니다.

자신의 어머니에 대해 이와 같이 숙고한 후에, 그 대상을 아버지, 친척, 친구, 아는 이, 이방인, 자신이 적의를 느끼는 대상, 결국 모든 중생들을 다 포함시킵니다. 이 모두가 어떻게 해서 자신의 어머니였었는지 그리고 어떤 식으로 큰 은혜를 베풀었었는지에 대해 명상하십시오.

2.1.2.2.3.4. 실제로 자기-인식을 타인 인식으로 바꾸기

타인을 소중히 여기는 느낌이 일단 명상 속에서 일어나면, "엮인 보내기와 받기(interwoven sending and receiving)"[9]로 알려진 기법을 시

---

9) 통렌(Tonglen). 통렌은 티베트어로 "주고받기"를 뜻한다.

작하십시오.

"받기" 명상으로 시작합니다. 여기에서 핵심은 세상과 그 거주자들입니다. 이들의 고통과 어려움을 자신이 떠맡고 이들에게 모든 행복과 선함을 주려 애씁니다.

외부 무생물 세계의 결함을 떠맡는 것으로 시작하십시오. 숨을 들이마시면서, 가시, 과도한 열기나 냉기, 홍수, 가뭄 등과 같은 무생물 세계의 온갖 가혹한 성질들이 두꺼운 검은 구름의 모습으로 여러분의 가슴 속으로 들어오는 모습을 상상하십시오. 이것은 가슴 중앙에 있는 검은 공을 때립니다. 여기서 검은 공은 자기를 소중히 여기는 성향을 상징합니다.

그리고 나서 중생들에게 주의를 돌립니다. 여러분이 숨을 들여 마실 때마다, 중생들의 불선업의 씨앗뿐만 아니라 이들의 구체적인 고통이 이들에게서 없어지는 모습을 상상하십시오. 이 부정적인 것들은 검은 구름의 형태로 여러분 가슴 중앙으로 들어와 여러분의 자기 소중히 여기기를 제거합니다.

이런 식으로 열, 냉기, 고문의 고통으로부터 지옥의 존재가 해방됨을, 서로를 잡아먹는 것 등등의 고통에서 동물들이 자유롭게 되는 것을, 배고픔, 갈증 등등의 고통으로부터 귀신들이 해방되는 것을, 생로병사에서 인간들이 해방되는 것을, 지속적인 갈등 등등의 불행으로부터 아수라들이 자유로워지는 것을, 죽음의 증후 등등의 고통으로부터 욕계의 신들이 자유롭게 되는 것을, 윤회하는 온(蘊)이 근본 원인인 만연된 고통으로부터 더 높은 차원의 신들이 자유로워지는 것을 명상하십시오.

또한 성문 아라한, 독각, 심지어 열 번째 수준의 보살(십지보살)의 완벽한 깨달음을 방해하는 무명을 여러분이 떠맡는다고 명상하십시오.

그러나 붓다들은 이미 모든 오류를 초월했고 우리의 영적 스승들은 모든 방식에서 완전하다고 명상하기 때문에, 이들에게서 부정적 성향을 제거하는 명상을 할 필요는 없습니다. 질병, 육체적 기능장애, 나이 들어감의 증후 등등과 같은 자신의 영적 스승에게서 나타나는 어떠한 흠도 단지 우리의 순수하지 못한 지각으로 인해 그렇게 보인다고 생각해야 합니다. 영적 스승들은 명상의 신들, 탄트라 붓다들의 화신이라 여겨야 하며, 모든 오류를 초월했다고 여겨야 합니다.

이 명상의 대상과 관련해서는, 때로는 지옥의 열기나 뜨거운 지옥의 고문 등등과 같은 윤회하는 세계의 구체적인 고통 하나를 자신이 떠맡는 모습을 상상할 수도 있습니다. 아니면 더 구체적으로 "죽고 되살아나기"와 같은 뜨거운 지옥들 중에 한 곳에서의 불행을 가져와 없애는 명상을 할 수도 있습니다.

그렇지 않으면, 여섯 영역들 중 하나에 있는 존재들이 자신들의 불선업의 성향에서 멀어지는 모습을 상상할 수도 있습니다. 아니면 집착, 혐오 등등과 같은 이들의 무명을 제거하는 모습을 상상할 수도 있습니다. 여기에서는 명상 시간 내내 구체적인 한 가지 무명, 예를 들어 집착에서 존재들을 해방시키는 명상을 하고, 그 다음 시간에 증오, 자만, 주저, 시기, 인색함 등등과 같은 다른 무명으로부터 해방시키는 걸 명상할 수도 있습니다. 이전과 마찬가지로 이들 무명은 검은 구름의 형태로 몸속으로 들어와 가슴에 있는 자기 소중히 여기기를 제거합니다.

다음으로 "보내기" 명상을 시작합니다. 또다시, 대상은 세상과 세상의 거주자들입니다. 이들에게 보낸다고 상상하는 선물에는 행복, 물건, 이생에서의 자신의 몸, 삼세(三世)의 모든 선함 등등이 있습니다.

또한 붓다들과 보살들의 초월의 기쁨은 본디 세상의 영적 고양을 위해 바쳐진 것이기에, 이를 보낸다고 상상할 수도 있습니다.

일반적으로 과거생의 자신의 몸은 이미 사라졌고 미래생의 몸은 아직 얻지 못했기 때문에 이생의 몸만을 바친다고 상상하는 것이 적절하다고 말합니다.

공덕이 되는 업의 경우에도 마찬가지라고 주장할 수 있습니다. 과거의 선함은 이미 사라졌고 미래의 선함은 아직 성취된 것이 아니기 때문에, 삼세의 모든 선함을 준다고 명상하는 것은 적절치 않다고 주장할 수도 있습니다. 그럼에도 불구하고, 선함은 마음흐름이 실어 나르는 긍정적인 업의 씨앗을 지칭하기 때문에, 이를 타인의 안녕을 위해 바친다고 명상하는 것은 지극히 타당합니다.

"보내기" 명상을 하는 방법은 다음과 같습니다. 또다시 외부 무생물의 세계로 시작합니다. 무생물 세계의 표면이 금무늬가 새겨진 청금석(靑金石)과 같이 매우 아름다운 순수한 땅으로 변하는 모습을 상상하십시오.

그 다음 이 세상에 살고 있는 존재들을 생각합니다. 이생의 어머니로부터 시작해 점차적으로 아버지, 친척, 친구, 이방인, 적 등등이 포함될 때까지, 즉 모든 중생들을 망라할 때까지 명상의 범위를 확대합니다. 여러분이 이들에게 삼세의 모든 행복과 선함을 준다고 명상하십시오.

때로는 지옥에 있는 존재들을, 때로는 성문 아라한들, 독각들, 심지어 열 번째 수준의 보살들을 집중의 대상으로 삼으십시오. 이런 존재들이 자신들의 한계를 초월하여 깨달음에 가까워진다고 명상하십시오.

이 "보내기" 수행은, 신성한 존재들은 다른 이들의 행복만을 바라고 모든 존재들이 고통에서 자유롭게 되기를 바라기 때문에, 붓다들과 영적 마스터들의 염원과 잘 어우러집니다.

여기서 원전은 말합니다,

보내기와 받기에 대해 명상하라.

다른 판본에는,

**실제 수행에서는 보내기와 받기에 대해 명상하라.
그리고 그대 자신을 대상으로 삼아 받기를 시작하라.**

이 두 표현의 본질적인 의미는 같습니다. 차이란, 두 번째 표현이 "보내기와 받기" 단계를 수행의 전반적인 구조 속에서 더욱 강조한다는 것입니다.

"그대 자신을 대상으로 삼아 받기를 시작하라."라는 말은 자기 안에서 일어나는 온갖 고통, 괴로움, 무명을, 불선업의 씨앗들을 정화하고 이들로부터 해방을 가져오는 원동력으로 받아들이는 수행을 말합니다. 이렇게 하지 않으면 업의 씨앗들은 미래생에 해를 끼치게 됩니다.

자신의 마음흐름을 이 방식으로 정화한 후에, 앞 공간에 이생의 어머니의 모습을 상상하십시오. 어떻게 해서 이 분이 셀 수 없이 많은 과거 전생들 속에서 여러분의 어머니였었으며, 그때마다 어떤 식으로 여러분에게 큰 은혜를 베풀어주셨는지에 대해 고찰하십시오.

이생에서도 어머니는 역시나 자신의 자궁 속에 여러분을 품었고, 유아기 내내 여러분을 길렀으며 여러분이 필요로 하는 것들을 채워주기 위해 가능한 모든 일을 다 하셨습니다. 심지어 어머니는 깨달음의 길을 만나 수행할 수 있게 이 육신과 영적 환경들을 제공해주시기까지 하셨습니다. 게다가 어쩌면 미래의 어떤 생에서 또다시 여러분의 어머니가 될 지도 모릅니다. 그분의 은혜에 보답하기 위해 여러분은 그분에게 이익이 되고 그분을 해로움으로부터 보호하는 그런 방식으로만 행동해야 합니다.

중생들에게 해가 되는 것은 무엇일까요? 고통과 부정적인 행위인데,

고통은 직접적으로, 부정적인 행위는 간접적으로 해를 줍니다. 그리고 무엇이 이익 되는 것일까요? 행복은 이들에게 직접 이익이 되고, 긍정적인 행위는 간접적인 이익이 됩니다.

그러므로 중생들은 고통과 부정적인 방식으로부터의 보호가 필요하며, 행복과 긍정적인 방식의 격려가 필요합니다. 이런 방식이 타인의 은혜에 보답하는 방식입니다.

이러한 숙고의 힘을 명상 속에 쌓아 올리십시오. 그런 다음, 숨을 들이쉴 때 모든 부정적 성향이 자신의 어머니에게서 떨어져 나와 검은 구름의 형태로 여러분에게 오는 모습을 상상하십시오. 그분의 고통, 무명, 불선업으로 이뤄진 이 검은 구름은 여러분의 가슴으로 흘러 들어갑니다. 이런 식으로 그분이 모든 고통에서 자유로워진다고 생각합니다. 이 검은 구름은 여러분의 자기 소중히 여기기를 때리고, 그렇게 하여 여러분 안에 있는 자기 소중히 여기기를 제거합니다.

그러고 나서 숨을 내쉴 때 모든 행복과 좋은 업의 힘이 그대의 숨과 함께 앞으로 내보내진다고 상상하십시오. 이들은 하얀 구름의 형태를 취합니다. 이 구름은 여러분의 어머니에게 녹아 들어가, 그분을 기쁨으로 채우고 그분이 깨달음을 향해 진화하게 합니다.

이렇게 하여 들숨에 맞춰 그분의 모든 고통과 부정적 성향을 검은 구름의 형태로 떠맡습니다. 마찬가지로, 날숨에 맞춰 하얀 구름의 형태로 행복과 좋은 업의 에너지를 그분에게 보냅니다.

실제 명상 시간에는 여러분 자신의 미래의 고통과 부정적 성향에 대해 대여섯 번의 호흡을 하는 것으로 시작합니다. 그러고 나서 대여섯 번의 호흡을 통해 어머니의 고통과 부정적 성향을 떠맡습니다. 들여 마실 때마다 검은 구름의 부정적 성향을 받는다고 명상하고, 내쉴 때마다 모든 긍정적인 성질들을 하얀 구름의 형태로 내보낸다고 상상합니다.

그 다음, 대상을 여러분의 아버지로 바꿔, 대여섯 번 호흡하며 앞에서와 같이 상상합니다. 친구, 친척, 아는 이, 이방인, 여러분이 적의를 느끼는 이, 모든 중생들에 대해 계속 그렇게 합니다. 먼저, 이 모두가 여러분에게 어떤 식으로 은혜를 베풀었는지를 고찰하고, 그러고 나서 "보내기와 받기" 명상을 하며 호흡을 따라갑니다.

원전은 말합니다,

움직이는 호흡에 올라타라.

"보내기와 받기" 명상 중에는 의식을 호흡에 둡니다. 고통과 부정성의 검은 구름을 안으로 끌어들이는 모습을 상상합니다. 검은 구름이 가슴 속으로 들어와 자기를 소중히 여기는 태도를 공격한다고 상상합니다. 자신의 어머니로 시작해서 자신의 아버지, 친구, 적 등등으로 나아가면서 시각화하는 대상들이 이렇게 하여 부정적 성향과 슬픔으로부터 자유로워진다고 생각합니다.

온갖 행복과 좋은 에너지를 타인들에게 보내는 모습을 상상하면서 잠깐 동안 가슴에 호흡이 머물도록 한 후에 천천히 내뺏습니다. 이것은 하얀 구름의 형태로 나와 시각화된 대상 (즉 어머니, 아버지, 이방인 등등) 속으로 녹아 들어가서 이분들이 행복을 얻고 깨달음으로 나아가도록 만듭니다.

위에서 말한 대로, 숨을 끝까지 들여 마시고 난 다음, 내보내기 전에 잠깐 동안 잡고 있어야 합니다. 숨을 내보내기 전에 더 오랜 시간 동안 잡고 있을 수 있는 다른 방법도 있습니다. 이 수행은 대개 명상적인 몰입을 계발하고 집중력에 크게 도움이 되는 수행들과 함께 행해집니다.

호흡 과정에 시각화를 연결하는 유사한 방식이 명상 대상으로 사용된 다양한 대상들 (즉 어머니, 아버지, 이방인, 적 등등)에게 행해집니다.

특히, 여러분에게 해를 입혀 그로 인해 적의를 느끼는 누군가를 명상 대상으로 택했다면, 그 사람이 여러분 앞 공간에 있다고 시각화하고 어떻게 그가 많은 과거생에서 여러분의 부모였고 여러분에게 커다란 은혜를 베풀었는지를 숙고하는 것으로 시작하십시오. 그의 부정적 성향, 사악한 생각들, 불쾌한 행동들로 이뤄진 방대한 구름을 들이마셔 그를 이로부터 자유롭게 하십시오. 그런 다음 행복과 선의 하얀 구름을 내쉬십시오.

집착 없는 명료함의 세계 속에 의식이 안정된 상태로 명상 시간을 마쳐야 합니다. 만일에 불변의 공에 대한 명상 수행을 한다면, 정말로 존재한다(true existence)[10]라는 개념에서 자유로운 공의 영역 속에 머무십시다.

숨을 내쉴 때, 여러분의 몸, 재산, 공덕의 에너지 등등을 내주는 모습을 상상하고 여러분이 내준 신체의 부분들이 소원을 들어주는 보석, 즉 필요로 하는 모든 것들을 베풀어주는 보석이 된다고 상상하십시오.

이 방식으로 호흡에 대해 명상하면, 왜곡된 개념적 마음은 약해지고 명상적인 집중은 강화됩니다. 이것이 이 수행의 중요한 부수적 효과입니다.

또한 이 명상은 무상과 죽음에 대한 인식과도 관련이 있습니다. 먼저 우리는 숨을 들여 마셔 스스로 고통을 떠맡습니다. 그러고 나서 숨을 내쉬어 행복을 줍니다. 들여 마시는 숨은 우리가 이 세상에 태어난 순간의 첫 번째 호흡과 같습니다. 그리고 내쉬는 숨은 폐에 가득한 공기를 마지막으로 내쉬는 생의 마지막 순간, 즉 우리의 죽음과 같습니다. 따라서 이 방편은 복합적인 현상, 특히 우리 몸이 영구하지 않다는 인식을 자연스럽게 강화합니다.

---

10) 159쪽 각주 15번 참조.

명상자가 방석 위에 앉아 다른 이들의 불행을 떠맡고 그들에게 행복을 주는 것을 상상만 해서는 누군가에게 실제로 이익을 줄 수 없으며, 명상자의 마음 속을 제외하고는 사실 어떤 것도 주거나 떠안은 것이 없기 때문에, 이 "보내기와 받기" 명상 기법은 어떠한 현실적 가치나 잠재력도 없다고 주장할 수도 있습니다. 여기에 대해 원전은 말합니다,

> 이전 붓다들의 삶 속에
> 이것의 효과를 보여주는 많은 예가 있기 때문에,
> 이 수행에 대한 선입견을 넘어서라.
> 이 구술 전통 방편의 경전상 출처는
> 부처님의 이전 생들 중에 여행자 데웨이 부모(Dzewoi Bumo)였던
> 자타카(Jataka, 전생) 이야기라네.

다시 말해, 남들과 물질적으로 주고받지 않았다고 해서 그 명상이 가치가 없는 것은 아닙니다. 그와 정반대로, 수행자의 마음흐름 속에 깨달음의 물결이 일어나도록 하기 때문에 결국 엄청난 기쁨과 선함을 세상에 가져옵니다.

과거의 모든 붓다들은 물론 실존 인물인 석가모니 부처님은 타인을 자기 자신보다 더 소중히 여기는 마음을 먼저 계발하셨고, 이 기반 위에서 완전한 깨달음을 성취하기 위해 여기서 언급한 주고받음을 계속하셨습니다.

예를 들어, 석가모니 부처님의 초기 환생인 항해사 데웨이 부모에 대한 유명한 전설은 큰 영감을 제공합니다.[55] 특히 이 전생 이야기는 호흡에 의식을 둔 '보내기와 받기' 명상 기법이 담겨있는 초기 경전에 나옵니다.

명상하는 동안 모든 어머니 중생들의 은혜를 기억해야 하고 그러고 나서 자기 소중히 여기기를 타인 소중히 여기기로 바꾸기 위해 호흡에 바탕을 둔 이 "보내기와 받기" 기법을 실천해야 합니다.

명상 시간들 사이에 수행하는 방법에 대해 원전은 말합니다.

> **세 가지 대상들,**
> **세 가지 독, 세 가지 덕의 뿌리[11]에 대해 수행하라.**
> **요약하면, 이것이 명상 시간들 사이에 지켜야 할 구두 지침이네.**
> **기억하기 위해,**
> **모든 일상 활동 속에서 이를 말로 암송하라.**

다시 말해, 정규 명상 시간 동안에 우리는 자기 인식하기를 타인 인식하기로 바꾸는 걸 명상해야 합니다. 그러고 나서 명상 시간과 명상 시간 사이에는, 마음을 자세히 지켜보고 그에 따라 대처합니다. 예를 들어, 매혹적인 사람 또는 사물이 여러분에게 나타나 그 결과 욕정이나 탐욕이 일어난다면, 이러한 괴로운 감정들에 의해 이 세상 수많은 존재들이 비슷하게 동요되고 있음을 고찰하십시오. "이들의 욕구가 내게서 열매 맺기를."이라는 생각을 일으키십시오. 모든 중생들의 탐욕과 욕정을 담고 있는 검은 구름을 들여 마십시오. 이 검은 구름은 여러분의 가슴 속으로 들어와 자기를 소중히 여기는 태도를 공격하고, 그렇게 하여 탐욕과 욕정이라는 무명으로부터 자유롭게 해줍니다. 그러고 나서 이 중생들을 북돋우고 고무시키는 집착하지 않음과 기쁨의 하얀 구름을 내쉽니다.

구루 요가로 시작하여 수행의 이 요점에 이르기까지 앞에서 설명한 대로 실제 명상을 진행하십시오. 그리고 앉아 명상하는 시간들 사이에는 "타인들의 괴로움이 내게서 열매 맺고, 내 행복이 그들에게서 열매 맺기를. 그들의 어려움들은 내게 오고, 내 기쁨은 그들에게 공유되기를."이라는 염원 속에 머뭅니다. 또한 지속적으로 "이 희귀한 인간 환생이 마련되었다. 의미 있게 사용될 수 있기를… 내가 경험하는 모든 행복이 세상을

---

11) 삼독(三毒), 삼선근(三善根).

정화하는데 사용되기를."[56]이라는 기도를 바칩니다. 원한다면 다른 걸 더 할 수도 있습니다.

혐오나 화가 일어날 때, 다른 모든 중생들로부터 이러한 무명을 스스로 떠맡고 모든 기쁨과 행복을 공유하면서 위와 같은 방식으로 숙고합니다. 무지와 옹졸한 마음이 일어날 때도 또한 그렇게 합니다.

이 방식으로 마음을 닦으면, 몸과 말의 표현이 자동적으로 변하여 더 민감해지고 건전한 방식을 취하게 되기 때문에, 이 수행은 대단히 강력하며 수행자에게 심오한 영향을 미칩니다.

경전에서 말하는 것처럼, "마음이 가는 곳마다, 몸과 말이 자연적으로 흐르네." 마음을 고양시키고 고결하게 만들면, 몸과 말의 표현은 그 즉시 그리고 쉽게 고상해집니다.

앞에서 설명한 염원의 보리심을 일으키기 위한 일곱 단계 기법 중에서 원인이 되는 여섯 단계들 모두가 사실 호흡에 바탕을 둔 "보내기와 받기" 방편 속에 포함되어 있습니다.

앞에서 제시한 요점대로, 모든 중생들이 한때 우리의 어머니였음을, 그리고 한 어머니로서 이들이 어떻게 우리에게 생명을 주고 보호해주는 은혜를 베풀었던가를 숙고하는 것으로 호흡을 시작합니다. 이는 일곱 단계 기법의 첫 번째 두 단계이기도 하면서 세 번째 단계인 이들에게 보답하고자 하는 염원을 일으킵니다.

그러고 나서 우리는 우리가 이들에게 어떻게 보답할 것인가를 스스로에게 묻게 되고, 이들에게 기쁨과 선함을 줘야된다는 결론이 떠오릅니다. 이는 "이들이 행복을 갖기를 그리고 그 원인인 긍정적인 행실을 갖기를" 바라는 염원을 불러일으킵니다. 이 생각은 본질상 일곱 요소들 중에 네 번째인 보편적인 사랑입니다.

그 다음 어떻게 이들을 보호할까라는 생각이 일어나고 이들이 고통과 그 원인, 즉 부정적인 행실에서 자유로워지도록 돕는 것이 이들을 보호하는 것이라는 생각이 떠오릅니다. 이것은 차례로 "이들이 고통으로부터 자유롭기를 그리고 고통의 원인인 몸, 말, 마음의 부정적인 행실로부터 자유롭기를" 바라는 염원을 불러일으킵니다. 이 염원은 다섯 번째 요소인 보편적인 연민의 특성을 공유합니다.

그러고 나서 "내가 타인들에게 행복을 주고 세상에서 고통을 제거하는 데 공헌하겠다."라는 생각이 일어납니다. 이것은 일곱 단계 기법의 여섯 번째 요소인 보편적 책임감이라는 특징을 띤 비범한 자세입니다.

원전은 이에 대해 말합니다.

부처의 경지를 얻고자 하는 바람,
이 지고한 생각인 염원의 보리심에 가까워지고
결실이 맺어질 때까지 이를 길러라.

이것이 말하는 것은 자기 소중히 여기기를 타인 소중히 여기기로 바꾸는 걸 명상하는 이 시점에서, 타인들에게 행복을 주고자 하는 염원과 이들의 고통을 제거하고자 하는 염원을 강하게 경험한다는 것입니다. 이는 "그러나 이 두 가지 목적을 이룰 수 있는 능력이 내게 실제로 있나?"라는 생각을 일으킵니다. 대답은 명백합니다. 지금 우리는 단 하나의 존재에게조차 충분한 이익을 줄 능력을 갖고 있지 않습니다. 사실, 내 삶의 목표 전부를 이룰 수조차 없으며, 또한 다른 이들이 자기들 안의 부정적 성향을 제거하는 걸 돕겠다는 생각은 고사하고, 우리 자신에게서조차 모든 부정적 성향을 제거할 수도 없습니다. 심지어 위대한 성문 아라한들과 독각들조차 단지 부분적인 성취를 이뤘을 뿐, 삶의 목표들 중에 극히 일부만을 실현할 수 있습니다.

그럼 누가 전적으로 타인들을 이롭게 할 수 있을까요? 전적으로 깨달은 붓다가 내뿜는 한 줄기 빛, 기적적인 행동 하나, 한 마디의 가르침이 셀 수 없이 많은 중생들을 고무시키고 해방시키는 능력을 지녔기 때문에, 오로지 붓다, 즉 완전하게 깨달은 존재밖에는 없습니다. 따라서 깨달음을 이룰 때까지는 세상에서 전적으로 바람직한 결과만을 낳을 수도 없으며 타인들에게 전적으로 이익이 될 수도 없습니다.

이 인식은 "모든 중생들의 이익을 위해 나는 완전하고 완벽한 깨달음(삼약삼보리) 상태를 성취해야만 한다."라는 강력한 다짐을 불러일으킵니다. 이 생각은 본질상 염원의 보리심입니다.

이에 더하여, 여섯 완전함(육바라밀)과 같은 광대하고 심오한 보살 수행을 이루겠다고 다짐하는 적용의 보리심 서원을 할 준비가 되었다면, 그렇게 해야 합니다. 그리고 나서 이 서원을 바탕으로 보살의 방식으로 살아야 합니다.

2.1.3 진전의 표시

이 명상 기법이 성공했다는 표시는 자기를 소중히 여기는 태도가 약해지기 시작하고, 가장 높은 깨달음을 향한 이타적 염원과 보살 활동들, 즉 위대한 길을 이루겠다는 결심이 확고해지면서 타인에 대한 사랑이 자연발생적으로 자신의 마음흐름 속에 일어나는 것입니다.

2.1.4. 보살 서원을 일으키는 의례

이에는 이전에 이를 일으킨 적이 없는 이들이 활용하는 보살 서원을 일으키는 방편, 이전에 서원을 일으킨 이들을 위해 이것이 약해지지 않도록 지키는 방편, 약해지려 할 때, 이를 회복시키는 방편이라는 세 가지 주제가 있습니다.

2.1.4.1 보살 서원을 일으키는 방편

이것은 1) 서원할 때 앞에 계신 분[12], 2) 이를 일으키는 토대, 3) 실제 의례라는 세 가지 항목으로 설명됩니다.

2.1.4.1.1 서원할 때 앞에 계신 분

경전에 쓰여 있는 대로, "보살의 서원을 지니고 있는 영적 마스터에게 나아가서…" 다시 말해, 이미 보살 서원을 지니고 있는 영적 후원자 앞에서 서원합니다.

2.1.4.1.2 서원의 토대

비록 생각이나 물질을 수단으로 삼아 염원의 보리심 서원을 할 수 있고 그렇게 해서 잠재적인 기반이 돼 줄 수 있는 다른 차원의 존재들이 있기는 하지만, 여기서는 이 대승 길의 여러 단계에서 마음을 닦아 적어도 약간의 보리심을 경험한 사람이 서원의 토대가 됩니다.

2.1.4.1.3 실제 의례

이에는 세 단계, 즉 1) 의례의 예비단계들, 2) 실제 의례, 3) 끝맺는 절차가 있습니다.

2.1.4.1.3.1 의례의 예비단계들

세 가지 예비단계, 1) 특별한 귀의하기, 2) 좋은 에너지 일으키기, 3) 자신의 동기 정화하기가 있습니다.

---

12) 아사리(阿闍梨), 계사(戒師).

2.1.4.1.3.1.1 특별한 귀의하기

특별한 귀의에는 두 가지 절차가 있습니다. a) 방을 정리하고 제단을 꾸미고, 그러고 나서 b) 요청하고, 귀의하고, 귀의의 조언을 암송합니다.

a) 이들 중에 첫 번째는 예식이 있을 장소를 잘 청소하는 것으로 시작합니다. 그러고 나서, 오대 요소들의 정수를, 그리고 향이 나는 물을 이 장소에 스며들게 하여 성스럽게 만듭니다. 붓다들 중에 한 분의 상, *요약*(*The Summary*)과 같은 경전 하나, 보살들 중에 한 분의 상 등등은 물론 꽃을 제단에 보기 좋게 놓으십시오. 다양한 높이의 여러 받침대 위에다 이들을 각각 올려놓아도 됩니다.

또한 이 예식을 이끌 마스터를 위해 자리를 마련하십시오. 꽃, 향 등등을 바치고, 만다라 바치기[13]도 하십시오.

b) 두 번째 요점에 관해서는, 구루가 붓다임을 시각화하는 것으로 시작해서, 그 분 앞에 무릎을 꿇고, 두 손을 모아, 다음과 같이 요청합니다.

오, 영적 마스터, 이전에 그렇게 가신, 해탈하신, 전적으로 깨달은 모든 붓다들 그리고 또한 열 단계(10지)에 거하고 계시는 위대한 보살들이 비할 데 없고, 순수하고, 완벽한 깨달음을 이루겠다는 결의를 먼저 일으켰던 것과 마찬가지로, 아무개로 불리는 저도 이제, 비할 데 없고, 순수하고, 완벽한 깨달음을 이루겠다는 똑같은 의지를 내려주시길 요청합니다.

이 요청을 세 번 반복합니다.

---

13) 우주를 상징적으로 바친다. 55쪽 각주 7번 참조.

그러고 나서 귀의합니다. 지금부터 깨달음을 성취할 때까지 모든 중생들에게 이익이 되는 존재가 되기 위해서, 붓다들을 귀의를 드러낸 이들로, 불법을 실제 귀의처로, 승단을 귀의를 이루는데 도움을 주는 친구들로 여기겠다는 생각을 확고하게 만듭니다.

이 토대 위에서 다음을 반복합니다.

오, 영적 마스터시여, 그대의 보살핌을 베푸소서. 아무개로 불리는 저는 지금부터 깨달음의 본질을 성취할 때까지 이 땅 위를 걷고 있는 최고의 존재들인 전적으로 깨달은 붓다들에게 귀의합니다. 최고의 영적 길인 내면의 평화 그리고 모든 집착에서 자유롭게 해주는 불법에 귀의합니다. 최고의 공동체인 되돌릴 수 없는 높은 보살의 단계를 성취하신 승단에 귀의합니다.

이 귀의문을 세 번 암송합니다. 여기에서 "오, 영적 마스터시여…"에서 "깨달음의 본질을 성취할 때까지"는 (때때로 행해지는 것처럼, 첫 번에만 암송하고, 그 다음 두 번째 암송에서는 이를 생략하여 단순히 "이 땅 위를 걷고 있는…"만을 암송하는 축소된 방식으로 하지 말고) 남은 두 번의 암송에서도 이 부분을 모두 반복해야 합니다.

그러고 나서 마스터는 앞에 (귀의에 대한 부분에) 설명했던 것과 같은 귀의에 대한 조언을 읽어나갑니다.

2.1.4.1.3.1.2 좋은 에너지 일으키기
이를 위해서 (구루 요가 예비단계 명상에 대한 설명에서 다룬 대로) 보현보살의 염원에 있는 일곱 갈래 기도문을 현재 그리고 과거의 법맥 구루들, 붓다들, 보살들에게 바칩니다.

2.1.4.1.3.1.3 자신의 동기 정화하기
모든 존재들이 행복해지기를 바라는 염원인 사랑의 생각, 그러고 나서 모든 존재들이 고통으로부터 자유롭기를 바라는 염원인 연민의 생각을 일으킵니다.

2.1.4.1.3.2 실제 의례
다음 예식문을 세 번 얼송합니다.

열 방향(시방) 모두에 거하시는 붓다들과 보살들이시여, 저에게 그대의 보살핌을 베풀어주소서. 오, 영적 마스터시여, 그대의 보살핌을 베풀어주소서.

아무개로 불리는 저는 이생에서, 전생에서, 미래생에서 너그러움(보시), 자기-규율(지계), 명상 등등을 통해, 또는 다른 이들을 수행하도록 격려하는 것을 통해, 또는 다른 이들이 수행하는 것에 크게 기뻐하는 것으로, 제가 일으킨 공덕의 근원이 그 무엇이든지 간에 이를 받아들입니다. 과거에 그렇게 가신, 해탈한, 전적으로 성취한 모든 붓다들, 열 단계(10지)에 거하고 계시는 모든 과거의 보살들이 이 공덕의 근원을 취해, 비할 데 없고, 완전하고, 완벽한 깨달음으로 향했듯이, 아무개로 불리는 저도 지금부터 깨달음의 본질을 성취할 때까지, 비할 데 없고, 완전하고, 완벽한 깨달음의 마음을 함양할 것을 다짐합니다. 저는 해탈을 얻지 못한 존재들에게 해탈을 가져다주고, 자유롭지 못한 존재들에게 자유를 가져다주며, 숨을 쉴 수 없는 이들에게 숨을 가져다주고, 슬픔에서 벗어나지 못한 이들을 슬픔에서 벗어나게 할 것입니다.

이것이 마스터의 입회 아래 보리심 서원을 일으키는 예식입니다.

마스터가 안 계시면, 단순히 열 방향의 붓다들과 보살들이 증인으로 오시는 모습을 상상하고 이들에게 공양을 올리고, 그러고 나서 위와 같은 예식을 진행합니다. 그렇지만, 후자의 경우, "오 영적 마스터시여, 그대의 보살핌을 베푸소서."는 생략합니다.

그 외에 귀의하고 보리심 서원을 일으키는 절차는 (의례를 이끄는 마스터가 계시든지 그렇지 않든지 간에) 거의 같습니다.

2.1.4.1.3.3 끝맺는 절차

앞에서처럼, 여기에서 의식 마스터는 염원의 보리심을 서원하는데 뒤따르는 조언을 다시 반복합니다. 모든 중생들에게 이익이 되기 위해 완전한 깨달음을 성취하겠다는 염원의 보리심을 일으키기 위해 앞에서 다룬 의식을 했든지 그렇지 않았든지 간에 (또는 이 서원을 다른 방식, 예를 들어 살아있는 보살에게서 직접 영감을 받았다거나 명상에서 자연발생적으로 일어났다거나 등등의 방식으로 일으켰든지 간에), 염원의 보리심에 대한 조언을 지키는 능력에는 차이가 없습니다. 그러나 위의 의식을 적용하고 깨달음을 성취할 때까지 보살의 자세를 기르고 결코 약화시키지 않겠다는 생각을 일으킨다면, 염원의 보리심에 대한 조언과 계를 지켜야만 합니다.

2.1.4.2 보살 서원을 지키는 방편들

이는 두 가지, 즉 1) 이생에서 보살 서원을 약화시키지 않게 하는 원인 기르기와 2) 미래생에서 이와 떨어지지 않게 하는 원인 기르기로 가르쳐집니다.

2.1.4.2.1 이생에서 보살 서원을 약화시키지 않기

이는 네 가지 수행 방편을 적용해 성취합니다. 즉, 1) 수행에 대한 열의를 강화해주는 보리심의 유익한 효과 숙고하기, 2) 예를 들어, 매일 여섯 번씩 이를 일으켜서 지속적으로 보리심의 힘 늘리기, 3) 어떤 이유에서라도, 특정 중생에 대한 보리심을 절대로 포기하지 않기, 4) 공덕과 지혜 모두 쌓기를 적용합니다.

2.1.4.2.1.1 보리심의 유익한 효과

보리심의 유익한 효과는 상상할 수도 없습니다. 이 점은 경전에 다음과 같이 표현되어 있습니다.

**누군가 보리심을 일으킬 때, 그 즉시
윤회의 여러 감옥 안에 갇힌 모든 중생들은
붓다들의 자식이 된 그를 칭송하네.
그는 사람과 신들이 숭배하는 대상이 되네.**

보리심을 일으키는 수행자들은 사람과 신들을 포함하여 세상의 모든 존재들이 존경하는 대상이 됩니다. 법맥의 관점에서 이들은 그 즉시 성문과 독각 수행자들보다 밝게 빛납니다. 그 순간부터 계속해서 심지어 아주 작은 선행조차 큰 결과를 낳을 수 있습니다. 더 이상 낮은 세상에 환생하는 어떤 업의 원인도 쌓지 않게 되며 과거에 만들었던 업의 씨앗들도 힘을 잃어가게 됩니다. 지금부터 계속해서 모든 활동은 높은 세상에 환생하는 업의 원인이 되며 과거에 만들었던 선업의 씨앗의 힘은 더욱 더 커집니다.

보리심의 공덕은 무엇과 같을까요? 만약 보리심의 공덕이 (공간을 차지하는) 모습을 띤다면 우주 전체라도 이를 다 담을 수가 없을 것입니다. 결국 보리심의 공덕은 비할 데 없이 완벽히 깨달은 붓다의 경지 그 자체를 가져오기 때문에, 일곱 가지의 귀한 보석들로 전 우주를 가득 채워 붓다들에게 바치는 공덕보다도 더 큽니다. *수바후가 요청한 경전(The Sutra Requested by Subahu)*[57]에서 말하는 것처럼,

**보리심의 공덕이
물질의 모습을 취하게 된다면,
모든 하늘을 가득 채우고도
여전히 남을 것이네.**

2.1.4.2.1.2 보리심의 힘 늘리기

이것에는 두 가지 수행, a) 보리심의 포기를 방지하는 방편 기르기, b) 실제로 보리심을 늘리는 방편 기르기가 포함됩니다.

2.1.4.2.1.2.a 보리심의 포기를 방지하는 방편

모든 중생들에게 이익을 주기 위해 깨달음을 이루겠다는 서원을 붓다들, 보살들, 영적 마스터들 앞에서 하고 난 후에 끝이 없는 존재들의 개체수, 이들 삶의 조악한 방식, 반드시 이뤄야만 하는 행위들의 끝없음, 이런 행위들의 난이도와 소요되는 시간 등등을 보고 겁에 질려 이 서원을 포기하지는 마십시오.

"내가 모든 중생들을 책임진다고 생각하는 것이 가능하단 말인가?"라는 심약한 생각을 하지 마십시오. 보리심 서원을 포기한다면, 스님이 자신의 근본 서원 중에 하나를 깨뜨렸을 때 일어나는 것보다 더 무거운 카르마적 결과가 일어난다는 것을, 이로 인해 불행한 세상에 환생하게 된다는 것을 상기하십시오. 이 맥락에서 경전은 말합니다,

> 보리심 다짐(을 포기하는 것)은
> (스님이) 근본 계(를 깨뜨리는 것)보다 더 무겁네.

그리고 또한

> 마음 속으로 그저 흔한 작은 물건을
> 주기로 결정했으나
> 그러고 나서 그것을 누구에게도 주지 않으면,
> 배고픈 유령으로 환생하게 된다네.
>
> 그러므로 순수한 생각으로 비할 데 없는
> 깨달음이라는 기쁨의 잔치에 모든 중생들을 초대하고 나서,
> 이들을 속인다면,
> 어떻게 행복 성취를 기대할 수 있겠는가?

"내가 깨달음에 대한 생각을 키울 수 있다니, 이 얼마나 멋진 일인가!"라는 생각에서 힘을 얻고, 많은 경전에서 반복하여 강조하는 대로 여러분 안에서 보리심이 약해지는 것을 허락하지 마십시오.

2.1.4.2.1.2.b 보리심을 늘리는 방편 적용하기

단순히 보리심 서원의 퇴보를 예방하는 것만으로는 충분하지 않습니다. 이 서원의 강도를 높이는 데에도 노력해야 합니다. 이를 위해 매일 낮에 세 번 그리고 밤에 세 번 보리심 일으키기를 권합니다.

이를 행하는 데는 수많은 방법이 있습니다. 이 중에 하나가 앞에서 설명했던 상당히 정교한 의식입니다. 그렇지만, 이것이 여러분에게 너무 긴 의식이라면, 열 방향의 붓다들과 보살들의 모습을 단지 상상하고, 이들에게 공양을 올리고, 그러고 나서 다음 시를 암송하는 것으로 충분합니다.

> **깨달음을 성취할 때까지**
> **붓다들, 불법, 지고한 공동체(승단)에 귀의합니다.**
> **모든 이들의 이익을 위해**
> **제가 육바라밀을 수행하여 붓다의 경지를 얻게 되기를.**

2.1.4.2.1.3 모두에 대한 보리심 포기하지 않기

단순히 여러분에게 불쾌하게 처신했다고 해서 "나는 저 사람을 돕는 그 어떤 일도 결코 하지 않겠어."라는 식으로 생각하며, 사랑과 연민에 대한 명상에서 특정인을 배제하여 보리심 서원을 약화시키지 마십시오.

2.1.4.2.1.4 공덕과 지혜 쌓기

이것은 (공에 대해 명상하고 있는 붓다들과 보살들에게) 공양 올리기 등등과 같은 이전에 다뤘던 온갖 다양한 방편들로 성취합니다.

2.1.4.2.2 미래생에서 이와 떨어지지 않게 하는 원인 기르기

이것은 두 가지 항목, 즉 1) 보리심 서원을 약화시키는 네 가지 검은 다르마 버리기, 2) 이 약화를 방지하는 네 가지 하얀 다르마 기르기로 가르칩니다.

2.1.4.2.2.1 네 가지 검은 다르마 버리기

이에는 네 가지, 즉 거짓말을 하여 수계 법사, 영적 계사 또는 명상 선생과 같은 신성한 존재 속이기, 후회가 불필요할 때 다른 수행자들을 후회하게 만들기, 위대한 길에 들어선 존재들에게 화내고 이들에 대해 나쁘게 말하기, 뭔가를 얻기 위해 궁핍을 가장하는 것과 같은 방식으로 중생들에게 기만적이고 잘못된 행동하기가 있습니다.

2.1.4.2.2.2 길러야 할 네 가지 하얀 다르마

이 네 가지는, 농담 속에서조차 그가 누구든지 간에 어느 누구에게도 거짓말 하지 않기, 위선 없이 진실한 의도에 바탕을 두고 행동하기, 위대한 길의 보살 수행자들을 완벽하게 성취한 붓다들로 여기고 이들에 대한 칭송이 열 방향에서 울리도록 하기, 비할 데 없는 깨달음의 단계에서 존재들이 성숙해지도록 직접 이끌겠다고 결심하기입니다.

2.1.4.2.3 보리심 서원을 회복하는 방편들

보리심 서원을 약화시키는, 또는 마음 속에서 어떤 특정 중생을 포기한다거나 "나는 중생들의 이익을 위해 일할 수 없어."라는 생각을 일으키는 검은 다르마가 일어났을 때, 명상 시간이 아직 끝나지 않았다면, 이는 단지 보리심 서원을 조금 약화시키는 원인일 뿐이라고 말하는 스승들이 있습니다. 보리심이 실제로 포기된 것이 아니기 때문에, 이를 다시 일으키기 위해서 의식을 행할 필요는 없다고 합니다. 명상 시간이 완전히 지났을 때에는, 서원이 포기된 것이니 의식을 다시 행할 필요가 있다고 합니다.

그러나 우리 전통에서는 보리심 서원이란 (검은 다르마가 일어났다고) 포기된 것이 아니라 "나는 중생들의 이익을 위해 일할 수 없어."라는 생각을 경험하는 순간에 포기된 것이라고 말합니다. 따라서 보리심 서원을 새롭게 하는 의식은 그 시점에 행해져야 합니다.

보살 정신을 약화시키는 원인인 네 가지 검은 다르마는 이생에서 보리심 서원을 포기하게 하는 원인은 아닙니다. 오히려, 미래생에서 우리를 이로부터 멀어지게 만드는 원인입니다. 그렇더라도 바로 이 순간에 피해야 합니다.

2.2 궁극의 보리심 기르기

원전은 말합니다,

**숙달에 이르게 되면,
비밀 (방편들)을 가르쳐라.**

위에서 말한 대로, 배우는 이가 관습적 보리심 수행에서 부동성을 얻게 되면, 내재적 존재에 대해 집착하는 이들에게는 비밀로 유지된 주제인 공에 관한 명상을 가르칩니다. 그러고 나면 가르침을 받은 이는 이 명상 수행을 해야 합니다.

어떻게 공에 대해 명상할 수 있을까요? 이것은 "중관에 대한 지침"[58]이란 부류로 알려진 매뉴얼이라면 어느 책에서든 자세히 배울 수 있습니다. 원전은 이 기법들의 본질을 알려줍니다.

**어찌하여 모든 현상들이 꿈과 같은지를 고찰하라,
그리고 태어나지 않은 의식(awareness)의 본성을 조사하라.
반대쪽은 자신의 고유 영역에서 자유롭네.
모든 것의 기반인 이 영역[14]안에
이 길의 본질을 놓아라.**

비록 산, 집, 남자, 여자 등등과 같은 외부 대상들이 진짜로 존재하는 것처럼 보이기는 하지만, 사실 이들은 진짜로 존재하지는 않습니다. 이들은 꿈에 보이는 산, 집, 사람과 같습니다.

---

14) 공(空).

여러분이 외부 대상들이 진정한 존재성(true existence)[15]을 갖지 않는다는 것을 인정한다고 해도, 이런 외부 대상들을 파악하는 마음은 진짜로 존재한다고 느낍니다. 그러나 의식(awareness)의 본성을 조사해보면 이것은 궁극의 의미에서 결코 태어난 적이 없기 때문에, 우리는 이 또한 진정한 존재성을 갖지 않는다는 것을 곧바로 알게 됩니다. 자아나 타인들 또는 이 둘 다 각각의 원인 없이 만들어지는 것이 아닙니다. (그리고 이런 이유로 이들은 의존적이며, '궁극적'이거나 '독립적인' 현상이 아닙니다).

여러분이 대상들과 의식(consciousness) 둘 다 진짜로 존재하지는 않는다는 걸 알 수 있다고 해도, 반대쪽, 즉 대상들과 의식이 진짜로 존재하지는 않는다고 인식하는 지혜 그 자체는 진짜로 존재한다고 느낍니다.

대상들과 의식 둘 다 진정한 존재성이 없음을 보였기 때문에, 이 반대쪽 또한 실재라는 지위를 갖지 못합니다. 그리고 모든 반대쪽 세력을 포함하여 '대상과 의식'이라는 두 가지 항목에 포함되지 않는, 다시 말해 이 두 가지 분류 중 하나에 포함되지 않는 현상은 없습니다. 이것이 이해될 때, 반대쪽의 진정한 존재성에 집착하는 마음은 저절로 해방됩니다.

자기 수행의 근본은 어디에다 둬야 할까요? 모든 것의 기반인 공의 영역에 놓아야만 합니다. 공이 소위 "모든 것의 기반"이라고 불리는 까닭은 윤회와 열반 속에 존재하는 모든 것의 기반이기 때문입니다. 공을 이해하지 못한 이들은 계속해서 윤회 속에서 방황하고, 이를 이해한 이들은 윤회에서 자유롭습니다.

---

[15] 자성(自性), 고정된 성품. 여기서 '진정한'이란 형용사를 사용한 이유는 일상적인 생활에서 편리성을 위해 그 존재성을 인정하지만 궁극의 의미에서는 존재하지 않는다는 의미를 담기 위해서다.

어떤 학자들은 이 문구가, 아뢰야식[16] 위에 이 길의 본성을 확립하는 걸 뜻한다고 주장합니다. 인도 불교 사상인 유식(the Mind Only) 학파에서 빌려 온 이 개념은, 대부분의 사람들이 받아들이는 여섯 의식(즉 다섯 감각 의식 더하기 비감각적인 정신적 경험)과는 다른 '여덟 번째 의식'이 존재한다는 것입니다. 이들의 체제상, 일곱 번째 의식은 왜곡을 만드는 개념적 정신 요소이며, 따라서 초월되어야만 합니다.

그렇지만, 이 계열의 경전 문구를 이런 방식으로 해석하는 데에는 여러 가지 철학적인 문제가 있습니다. 먼저, 이들의 '아뢰야식'은 이 길의 속성상 일어날 수 없습니다. '아뢰야식'의 존재를 받아들이는 이들은 (현상을 긍정적인 것, 부정적인 것, 규정되지 않는 것이라고 분류하는 세 갈래 분류 체계 속에) 아뢰야식은 규정되지 않은 현상이라고 주장합니다. 그러나 이들은 이 길을 전적으로 긍정적인 현상으로 분류합니다.[17]

두 번째로, 공을 인식하는 과정인 이 길에 대한 이해의 틀 속에는 관습적 수준의 실재가 나타나지 않기 때문에, 이 길에 대한 이해에는 아뢰야식이 연결될 수 없습니다.

그런 다음 원전은 말합니다,

---

16) Alaya vijnana, 기반 의식(foundational consciousness). 글자 그대로, '모든 것의 기반으로서의 의식.' 종자식(種子識), 일체종식(一切種識) 또는 일체종자식(一切種子識). 제8식. 장식(藏識).
17) 아뢰야식 위에 이 길의 본성을 확립하라는 뜻이라는 주장은, 아뢰야식을 규정되지 않는 것으로 보면서 이 길의 본성을 전적으로 긍정적인 현상으로 보게 되면, 규정되지 않는 것(아뢰야식) 위에 긍정적인 현상이라는 전적으로 규정된 현상(이 길의 본성)을 놓게 되므로 모순이 발생하게 된다.

**명상 후에는,
환상의 존재처럼 되라.**

여러분이 명상 방석에서 일어날 때, 그리고 의식과 그 대상들이 진짜로 존재하는 것처럼 보일 때, "이들은 존재하는 것처럼 보이지만, 환상에 불과한 것이며 꿈 속에 나타나는 사물과 같다."라고 명상하십시오.

3
부정적인 조건들을
이 길에 도움 되게 변환하기

부정적인 상황들을 깨달음의 일부로 변환시키는 것은 1) 관습적인 보리심에 집중하는 숙고 방법과 2) 궁극의 보리심에 집중하는 숙고 방법으로 지도합니다.

3.1 보편적인 보리심에 집중하는 숙고

여기서 원전은 우리에게 다음과 같이 조언합니다.

모든 비난을 한 곳에만 하라.
그리고 모두의 은혜에 대해 명상하라.

인간, 비인간, 사악한 힘 등등에게서 정당한 이유 없이 공격받는 것과 같은 외적 어려움이 나타날 때마다, 또는 질병, 왜곡된 감정 등등과 같은 내적 어려움이 나타날 때마다, 그 비난을 다른 이들에게 하지 마십시오. 오히려, 그 비난을 자기를 소중히 여기는 태도에다 단호하게 하십시오.

"자기를 소중이 여기는 이 태도는 시작이 없는 시간 이래로 내게 셀 수 없이 많은 고통을 경험하도록 했다. 지금도 계속해서 나를 끝없는 고통과 불화로 끌어드린다. 그리고 만약 이를 초월하지 않는다면, 이것은 계속해서 내게 끝없는 고통을 가져올 것이다. 그러므로 나는 이를 초월하기 위해서 가능한 모든 노력을 다해야만 한다."라고 마음 속으로 생각하십시오.

여러분을 곤경에 빠뜨리는 모든 중생들에 대해, 다음과 같이 숙고해야 합니다.

"시작이 없는 시간 이래로 셀 수 없이 많은 이전 생에서 매번 어떤 한 중생이 내게 어머니로 도움을 주셨다. 그것도 단 한번이 아니라 되풀이해서. 그럴 때마다 그녀는 어머니가 자식에게 줄 수 있는 모든 이로움을 내게 주셨고 해가 될 수 있는 모든 것으로부터 나를 보호해주는 커다란 은혜를 베풀어주셨다."

"특히, 지금 나를 어렵게 만드는 이 사람도 시작이 없는 시간 이래로 많은 이전 생에서 내 어머니로 도움을 주었다. 그것도 단 한번이 아니라 되풀이해서. 그럴 때마다, 그녀는 어머니가 자식에게 줄 수 있는 모든 이로움을 내게 주셨고 해가 될 수 있는 모든 것으로부터 나를 보호해주는 커다란 은혜를 베풀어주셨다."

"어머니는 나를 보호하기 위해 몸, 말, 마음의 부정적인 많은 행동을 하게 되었고, 그 결과 지금도 그녀는 계속해서 이로 인한 과보로 인해 좌절과 고통을 경험하고 있다."

"더욱이, 지금 이 순간에 그녀는 탄생, 윤회, 환생에 의해 야기된 혼돈으로 인해 우리의 깊은 인연을 제대로 알 수 없다. 그리고 나의 부정적인 업에 의해 부추겨져서 이제 나를 해하러 왔으며, 이로 인해 그녀는 미래에 고통을 낳게 되는 부정적인 업의 원인들을 더 많이 만들고 있다. 내 마음은 그녀에게로 향한다."

"이 불행한 존재가 모든 행복을 얻고 모든 불행에서 자유로워지기를. 이를 위해 나는 깨달음을 성취할 것이다. 그리고 깨달음을 성취하려는 나에게 이 공격자는 사랑, 자비, 보리심에 대해 명상하도록 돕는 훌륭한 조력자이다."

이런 식으로 숙고하여, 곤경을 단지 못마땅한 것으로만 생각하지 말고, 그 속에서 실제로 기쁨을 발견하십시오.

3.2 궁극의 보리심에 집중하는 숙고

궁극의 보리심에 대한 명상을 방편삼아 부정적인 상황들을 깨달음의 일부로 변형시키는 방법은 다음과 같이 진행됩니다.

인간 또는 비인간들이 외부적인 곤경을 일으키거나, 아니면 질병이나 괴로운 감정들과 같은 내부적인 곤경이 일어날 때, "이런 일들은 내가 혼란스럽기 때문에 나타날 뿐이다. 사실 이들은 어떤 참 존재성도 지니고 있지 않다."라고 혼자 돌이켜봅니다. 이를 더 깊이 조사해보고, 이 곤경이 어떤 식으로 맨 처음에 만들어졌고, 어떤 식으로 중간에 존재하며, 어떤 식으로 끝에 더 이상 존재하지 않게 되는지를 조사하십시오.

맨 처음에 어떤 것으로부터도 진짜로 만들어지지 않았다는 실체(reality)는 태어나지 않은 진리의 몸[1]입니다. 처음에 어떤 것으로부터도 만들어지지 않았으니, 마지막에 소멸하게 될 어떤 원인도 갖지 않습니다. 실체의 이 측면은 끊김 없는 아름다운 몸[2]입니다. 만들어지지 않았고 따

---

1) Skt. Dharmakaya., Unborn Truth Body. 법신(法身).
2) Skt., Sambhogakaya, Unceasing Beatific Body, 보신(報身).
3) Skt., Nirmanakaya, Non-Abiding Emanation Body, 화신(化身), 응신(應身).
4) Skt., Svabhavikakaya, Essence Body, 자성신(自性身). 이는 법신, 보신, 화신이 서로 분리될 수 없는 붓다의 세 가지 다른 측면임을 보여준다. 위키피디아에 의하면 이 본질의 몸을 겔룩 가르침에서는 법신의 두 가지 측면 중에 하나로 여긴다. 아마도 이런 이유로 자성신(自性身)이란 번역이 본질의 몸을 뜻할 때도 있고 법신을 뜻할 때도 있는 것 같다.

라서 실체의 소멸이 없는 측면은 머무름이 없음을 암시하는데, 이것은 고정됨이 없이 나툰 몸[3]입니다. 태어남, 불변, 소멸로부터의 이러한 분리는 본질적인 몸[4]입니다.

이러한 방식으로, 어찌하여 모든 현상들이, 특히 피해, 피해를 주는 자, 피해를 당하는 자, 이 모두가 진정으로 존재하지 않는지를 명상하십시오. 이 명상은 그 어떤 해로움에서든 최상의 보호를 제공합니다. 이 맥락에 대해 탄트라 경전은 말합니다,

> **공에 대한 인식은 최고의 보호자네,**
> **이를 지니면, 다른 어떤 보호도 필요하지 않네.**

또한

> **공에 대해 명상할 때는,**
> **죽음의 신조차 들어 올 수 없다네.**

정확한 이해 없이 공에 대해 명상하는 것조차, 그리고 단순히 무(無, nothingness)에 대해 주의를 집중하는 것만으로도 해를 가하는 이들의 눈에 덜 띄게 됩니다. 위의 가르침에 대해 원전은 말합니다,

> **혼란스런 겉모습들은 모두**
> **네 가지 원래 그대로의 붓다-몸(Buddhakayas)임을 명상하라.**
> **공은 최고의 보호자라네.**

한 생 동안의 수행 교리

4.1 생존 시 다섯 가지 힘의 적용

본질적인 수행 모두를 한 데 모아 한 생 동안 체계적이고 효과적으로 수행할 수 있는 형태로 배열한 교리는 원전에 다음과 같이 제시되어 있습니다.

다섯 가지 힘들에 전념하라.

다시 말해, 모든 수행은 다섯 가지 힘, 즉 1) 하얀 씨앗의 힘, 2) 서원의 힘, 3) 초월의 힘, 4) 친숙함의 힘, 5) 염원의 힘과 연결되어야만 합니다.

4.1.1 하얀 씨앗의 힘

여기서는 두 가지 보리심의 여러 수준들 중에 아직 일어나지 않은 것이 있다면 그것이 일어나도록, 그리고 이미 성취한 수준이 있다면 그것이 약해지거나 손상되지 않도록 하기 위해 몸, 말, 마음이라는 수단을 통해 발생한 모든 창조적인 에너지를 바칩니다.

4.1.2 서원의 힘

다음과 같이 서원합니다. "지금부터 깨달음을 성취할 때까지 모든 중생들이 행복 속에 머물기를. 모든 중생들이 고통에서 자유로워지기를. 제가 모든 중생들의 이익을 위해 완벽한 붓다 경지라는 지고의 경지를 이루길."

또한 "자기를 소중히 여기는 이 태도는 모든 고통과 불행의 근원이다. 나는 이를 초월할 것이다."라고 생각하십시오.

4.1.3 초월의 힘

"시작이 없는 시간 이래로 자기를 소중히 여기는 이 태도는 내게 끝없는 고통을 경험하게 했다. 그리고 내가 이를 초월하지 않는 한 계속될 것이다."라는 마음 자세를 다집니다.

자기 소중히 여기기의 영향 때문에, 많은 수행자들이 자신들의 학식, 상냥함, 명상에 들인 노력, 지식으로 명성이 높음에도 불구하고 무명에 빠지기 쉽습니다.

따라서 이들은 자신들보다 더 앞선 이들을 질투하고, 진전을 덜 이룬 이들을 경멸하고, 같은 수준의 이들에게는 경쟁심을 갖습니다.

그 결과, 이들이 얼마나 많이 수행했든지 간에 전혀 해탈한 영혼에 가깝게 된 것 같지는 않습니다. 이들은 자신들의 머리가 어느 누구보다도 약간이라도 더 높으며, 다른 이들보다 더 많은 영역을 다루고, 어쨌든 다른 모든 이들과는 다르다고 생각하면서 이리 저리 다니다 끝나고 맙니다. 그러므로 가는 곳마다 환대를 거의 받지 못하고, 누구와 가든지 간에 항상 악한 의도와 갈등을 만나게 되는 것 같습니다.

그러므로 "나는 자기를 소중히 여기는 이 습관을 초월할 것이다."라고 결심하십시오.

4.1.4 친숙함의 힘

이 힘을 기른다는 것은 앞에서 설명한 대로, 예비단계, 실제 방편, 끝맺는 절차라는 방편을 사용하여 두 가지 보리심에 대해 계속해서 명상하는 것을 의미합니다.

4.1.5 염원의 힘

이에는 삼보에 공양 올리기와 불법 수호신(호법신)들에게 의식 행하기와 같은 활동들, 그리고 "이생에서, 사망 시에, 바르도에서[59], 다음 생에서, 미래의 모든 생에서 두 가지 보리심의 힘이 내 안에서 약해지지 않고, 계속 커지기를. 어떤 어려운 상황이나 어려움이 일어나도, 이들을 두 보리심을 기르게 해주는 친구로 삼게 되기를. 이 최고의 길을 가르치시는 대승 마스터들과 항상 연락이 닿는 상태가 되기를."이라는 기도가 있습니다. 이 염원을 모든 영적 활동의 끝에 올립니다.

4.2. 사망 시의 다섯 가지 힘의 적용

이 대승 로종 체계의 수행자들은 죽음의 도래를 어떤 식으로 다뤄야 할까요? 다섯 가지 힘을 적용하는 대승 구술 전수 방편을 적용해야 합니다. 여기에 대해 원전은 말합니다.

> **옮겨가기(transference)에 대한 대승 구두 전통은**
> **다섯 가지 힘의 길을 소중히 여기는 것이네.**

이 다섯 가지의 이름은 비록 순서와 해석이 다소 다르기는 하지만, 위에서 설명한 다섯 가지 힘들과 같습니다.

여기에서 이 다섯 가지의 순서는 다음과 같습니다. 1) 하얀 씨앗의 힘, 2) 염원의 힘, 3) 초월의 힘, 4) 서원의 힘, 5) 친숙함의 힘. 이들은 다음과 같이 설명됩니다.

4.2.1 하얀 씨앗의 힘

죽음이 가까이 다가 왔을 때, 여러분은 부와 소유물들을 도움이 되는 곳에 나눠줘야 합니다. 그리고 나서 사는 동안 지었던 부정적인 행동 전체를 회상하고 정화하십시오. (삼보에) 귀의하는 것에 대해 명상하고, 이타적 보리심을 일으키고, 그리고 나서 사는 동안 닦아왔던 영적 목표와 가치에 대해 자신이 했던 서원을 재확인하십시오.

4.2.2 염원의 힘

두 번째 힘은 앞에서 설명되었던 것과 같은 방식으로 적용합니다.

4.2.3 초월의 힘

초월의 힘을 일으키기 위해서, "시작이 없는 시간 이래로 자기를 소중히 여기는 이 태도는 내게 고통만을 가져다주었다. 오로지 좌절과 불편만을 초래해왔다. 그리고 내가 지금 이를 초월하지 않으면, 계속해서 슬픔과 아픔만을 가져다 줄 것이다. 나는 몸과 마음에 대한 모든 집착에서 자유로운 상태가 되어야 하며, 자기 소중히 여기기라는 이 적을 초월해야만 한다."라고 되새깁니다.

4.2.4 서원의 힘

여기에서는 "지금부터 계속해서 나는 지속적으로 두 가지 보리심에 대해 명상할 것이다. 그리고 나서 바르도에서 마음의 맑은 빛(clear light, 淨光明)을 깨달을 것이그, 이를 붓다 경지의 법신(진리-몸)으로 변형시킬 것이며, 다른 이들의 이익을 위해 저절로 붓다의 지고한 색신(형태-몸, Skt., Rupakaya)의 모습이 될 것이다."라고 되새겨 서원의 힘을 활성화시킵니다.

4.2.5 친숙함의 힘

실제 죽음이 다가오는 순간 오른 팔을 접어 얼굴에 가져간 채 오른쪽으로 눕습니다. 오른쪽 넷째 손가락으로 오른쪽 콧구멍을 눌러 막아 호흡이 왼쪽 콧구멍으로 흐르도록 합니다. 여러분의 몸 등등에 집착하는 어떠한 생각도 없이, 아들이 몇 년간 떠났다가 아버지의 집으로 신나게 돌아가는 것처럼, 죽음이 다가오는 것에 겁먹지 않고 그 상태에 머무십시오. 마음을 호흡의 오고 감에 두고, "보내기와 받기"로종 전통에 따라 명상하십시오. 숨을 내쉬면서 모든 중생들에게 기쁨과 행복을 내보내고 숨을 들여 마시면서 이들의 모든 좌절과 아픔을 거둬들이는 모습을 상상하십시오.

그 다음에, 세상과 세상의 거주자들 모두가 공(空) 속으로 녹아 들어가는 것을 상상합니다. 어찌하여 모든 현상들에 진정한 존재성이 없는지를, 특히 탄생과 죽음이 어떻게 진짜로 존재하지 않는지를 명상하십시오. 그러고 나서 어떻게 단 하나의 현상도 진정으로 존재하지 않음에도 불구하고, 중생들이 모든 것들을 진짜라고 여기어 이에 집착하고 그 결과 고통을 경험하게 되는지를 생각해 냅니다. 이들을 위해 자비의 느낌을 일으키고, '보내기와 받기' 기법에 따라 명상하십시오.

자비와 지혜가 결합된 이 명상의 영역 속에 들어간 채로 세상을 떠나십시오.

5. 마음이 수행된 정도

원전은 말합니다.

> 모든 불법들은 하나의 의도로 압축되네.
> (그대의 영적 성장을 측정하기 위해,)
> 두 증인 중에 주된 증인에 의지하게.

여기에 쓰인 대로, 깨달은 존재들의 모든 가르침은 단지 하나의 목적만을 갖습니다. 다시 말해, 진짜로 존재하는 자아(라는 허구)가 형태와 성질을 갖도록 만드는 습관인 자기(ego)에 대한 집착을 길들이는 것입니다. 우리의 배움이 성숙되고 있는지 그렇지 않은지를, 우리가 실제로 불법을 수행하고 있는지 그렇지 않은지를 보려면, 우리의 불법 수행이 자기에 집착하는 우리를 얼마나 잘 치유하고 있는가를 보면 됩니다. 우리의 배움과 행(적용)이 자기 집착에 대한 해결책이 되었다면, 적어도 기초적인 정도의 성숙함은 성취된 것입니다.

어떤 증인이 자기 집착의 길들여짐 정도를 알아볼 수 있을까요? 물론 다른 중생이 우리의 발전에 증인이 되어, 우리의 영적 계발과 관련된 몇몇 표시들을 알아 볼 수도 있습니다. 그러나 이들은 우리의 생각을 알 수 없기 때문에, 주된 증인이 아닙니다. 단지 일부러 꾸민 것인데 그것이 마음에 들어 우리를 과대평가할 수도 있습니다.

우리 자신이 가장 좋은 증인입니다. 우리는 자신의 내부를 살펴보고 자기 집착이 큰지 적은지를 확인하기만 하면 됩니다.

자신의 발전 수준을 확인시켜주는 또 다른 기본적인 항목은 원전에 다음과 같이 쓰여 있습니다.

마음은 지속적으로 기쁨에만 의존하네.

수행에 있어 진정한 성숙의 표시는 자신의 내적 기쁨입니다. 일어나는 그 어떤 장애와 불쾌감을, 두 보리심을 계발시키기 위해 내게 도움을 주러 온 친구들로 자연스럽게 여기고, 지속되는 기쁨의 흐름에서 벗어나지 않는 마음으로 그렇게 할 수 있을 때, 이 수행의 원숙함은 이뤄진 것입니다. 원전은 말합니다.

**산만할 때조차 능력이 있다면,
이 또한 진전의 표시라네.**

성취를 이룬 기수(騎手)는 갑작스런 움직임에도 말에서 떨어지지 않고 달릴 수 있습니다. 마찬가지로, 예상치 못했던 사람들로부터의 공격, 모욕, 비난, 굴욕적인 만남과 같은 도전들이 닥쳤을 때 이들을 두 보리심을 계발시키기 위해 우리를 도우러 온 친구들로 여길 수 있다면, 이것은 진전이 이뤄졌다는 표시입니다.

원전은 말합니다.

수행의 정도는 그 역(逆)으로부터 읽혀지네.

이 길에서의 진전은 이 길에 모순되는 요소들이 나타나는 강도에 반비례합니다. 예를 들어, 자유와 타고난 행운들로 장식된 소중한 인간 삶에 대한 명상의 성공 정도는 이 비범한 생이 제공한 영적 본질을 얻고자 하는 염원의 부족 그리고 그 노력의 부족에 반비례합니다.

마찬가지로, 공에 대한 명상의 수행 정도는 진정으로 존재한다는 집착의 수준을 확인하는 것으로 결정할 수 있습니다.

그리고 이 길에서 수행을 끝마쳤을 때 마음에 나타나는 확실한 표시들은 무엇일까요? 원전은 말합니다.

완성의 다섯 가지 표시들이 있네.

이들 다섯 가지는 다음과 같습니다. 로종 수행을 통해, 어떠한 도전이나 불쾌함에도 두 가지 보리심에 대한 명상이 약화되지 않는 위대한 보살이 됩니다. 원인과 결과의 카르마 법칙의 본성에 대해 표면적인 수준과 섬세한 수준을 알아내어, 수행에서 사소한 위반으로 인해 오염되지 않도록 자신을 보호하는, 자기 규율을 지키는 위대한 마스터가 됩니다. 어떠한 곤경과 불쾌한 환경에 직면하더라도 인내로써 받아들일 수 있는 위대한 수행자가 됩니다. 몸, 말, 마음이 지속적으로 영적 길에 집중되는 위대한 수행자가 됩니다. 모든 깨달음 가르침들이 보여주고 있는 주요 정서가 자신의 마음과 연결되어 있는 위대한 요기가 됩니다.

이런 표시들이 나타나도록 하는 방편은 무엇일까요? 원전은 말합니다,

**네 가지 적용이라는 최고의 방편이
다른 어떤 뛰어남보다 더 뛰어나네.**

이런 표시들이 생겨나기 위해서는 네 가지 적용이 포함된 방편을 실천해야 합니다.

이들 중에 첫 번째는 매 상황마다 불법을 수행하려 노력하는 것입니다. 어떤 곤경이나 도전이 일어나도, 어제보다는 오늘 더 강도 높게 수행하고, 저녁에는 아침보다 더 강도 높게 수행하려는 의지와 함께, 불법 수행에 집중하는 마음을 유지해야 합니다.

두 번째 적용은, 앞의 것을 기르면서, 생각에서는 두 가지 보리심에 대

한 명상에 몰두하고, 행동에서는 축적과 정화라는 다양한 방편에 헌신합니다.

세 번째로, 호의적인 조건들이 무르익어 기쁨을 경험할 때마다 그리고 이 기쁨을 염원하는 생각이 일어날 때마다, 다른 모든 중생들 또한 오로지 행복만을 경험하기를 염원한다는 것을 생각해 냅니다. 여러분 자신의 기쁨을 모든 중생들에게 주는 걸 명상하십시오. 모든 중생들이 행복 속에 있는 걸 상상하십시오. 이 염원은 모든 안녕과 행복의 근원이 되는 유익한 길에 전념하도록 만드는 출발점입니다. 따라서 세 번째 적용은 선업을 쌓는데 집중합니다.

네 번째로, 단지 행복만을 경험하고자 하고 고통이나 아픔은 경험하지 않고자 하는 이 염원은 모든 불행의 원인인 불선업을 초월해야 한다는, 그리고 네 가지 대항력[60]이라는 방편으로 부정적인 업의 씨앗이 담긴 마음을 정화해야 한다는 신호입니다.

어떤 고통이나 곤경이 우리의 연속체 내에서 일어나든지 간에, 다른 모든 중생들도 우리처럼 고통을 원치 않는다는 것을 생각해내야 합니다. 모든 중생들의 고통을 스스로 떠맡는 것에 대해 명상하고, 이들이 고통으로부터 자유롭게 되는 모습을 상상하십시오.

원치 않는 고통은 부정적인 업의 활동을 초월하기 위해 애써야 한다는 신호이며 네 가지 대항력이라는 방편으로 업의 씨앗이 담긴 마음을 정화해야 한다는 신호입니다. 이것은 또한 우리가 행복 속에 머물기를 바라는 것과 같이, 행복의 원인인 선함을 성취하게 해주는 방편들에 전념해야 하고, 유익한 영적 힘을 쌓기 위해 애써야 한다는 신호입니다.

깨달음에 이르는 길에서 마음을 닦는 이 방편은, 수행자에게 일어나는 그 어떤 고통과 곤경도 두 보리심의 계발을 돕는 친구로 여기게 해주니, 특히나 고귀합니다.

이 마음 닦기 체계의 서약들

원전은 말합니다,

세 가지 일반적인 요점을 지속적으로 닦아라.

이 세 가지는 1) 일반적인 로종 정서와 모순되지 않기, 2) 헛된 목적에 로종 전통을 이용하지 않기, 3) 로종 가르침을 편파적으로 적용하지 않기 입니다.

이들 중에 첫 번째는, "나는 로종 가르침에 대해 명상할 수 있고 이것만 하면 된다. 절하기, 신성한 이미지들이나 탑과 같은 기념물 돌기, 경전과 만트라 암송하기 등등과 같은 다른 수행들은 할 필요가 없다."와 같은 잘못된 태도로 로종 가르침의 여러 다른 측면들을 무시하지 않는 것입니다.

두 번째 요점은 귀의에 대한 명상에서 가장 높은 탄트라들의 비전(秘傳) 요가에 이르기까지 여러 다양한 수행 수준들과 측면들을 실천할 때, 로종 가르침의 정서를 결코 부인하지 않는 것입니다.

세 번째 요점은 로종 가르침을 편파적으로 적용하지 않는 것입니다. 편파적인 적용의 예를 들면, 비인간들이 저지른 해로움에 대해서는 관대하지만 인간이 저지른 해에 대해서는 관대하지 않는 것, 또는 인간이 저지른 해에 대해서는 관대하지만 비인간이 저지른 해에 대해서는 관대하지 않는 것입니다. 또 다른 예는 위대한 사람들은 존경으로 대하지만, 덜 위대한 상태에 있는 사람들에게는 잘난 체하는 것입니다. 또는 어떤 존재들에게는 사랑과 연민을 보이지만, 다른 이들에게는 혐오를 보이는 것입니다. 마음이 이런 편파적인 방향으로 흐르지 않도록 수행하십시오.

그 다음 지침에 대해서 원전은 말합니다,

세 가지 절대 바뀌지 않는 특성에 대해 명상하라.

이들 중에 첫 번째는 영적 스승에 대한 절대 바뀌지 않는 존경입니다. 내 스승은 대승의 길에서 자기 발전의 원천입니다. 따라서 스승을 실제 붓다로 인식하는 명상을 하십시오.

두 번째로, 이 로종 전통은 대승의 길의 전형입니다. 이를 수행함에 있어, 절대 바뀌지 않는 기쁜 마음으로 명상하십시오.

세 번째로, 절대 누그러지지 않는 억념(마음 챙김)으로, 자신의 서원과 계를 지키는 것에 대해 명상해야 합니다.

원전:

세 가지 어려운 수행을 닦아라.

왜곡된 감정이 일어날 때, 이에 맞서는 특별한 명상으로 대응하기란 어렵습니다. 특별한 대응책을 적용한다 해도 무명에 쌓인 감정의 힘을 되돌리기가 어렵습니다. 셋째로, 무명을 물리칠 수 있다고 해도 미래에 다시 일어나지 않도록 만들기가 어렵습니다.

이 세 가지 어려운 수행을 돕기 위해 익숙함의 힘을 적용하십시오.

원전:

세 가지 주요 원인을 길러라.

붓다의 경지를 성취하는데 원인으로 작용하는 요소들은 끝이 없지만, 세 가지 중요한 것이 있습니다.

이들 중에 첫 번째는 내적 조건으로, 자유와 타고난 행운들로 축복받은 인간 삶의 소중함과 희귀성에 대한 숙고로부터 구루가 가르친 그대로 공의 의미에 대해 명상하기에 이르는 영적 가르침들에 대한 자각을 자신의 마음흐름 속에 일으키는 능력입니다. 두 번째와 세 번째는 외적 조건으로, 자격을 갖춘 영적 스승에 의해 보살핌을 받는 것 그리고 음식, 옷, 주거지와 같은 수행에 필요한 물적 조건입니다.

세 가지 조건 모두를 갖추는 것이 깨달음의 주된 원인 (즉 세 가지 주요 원인) 입니다. 여러분은 이 세 가지가 자신의 존재 흐름 내에 있는지 또는 그렇지 않은지를 확인해야 합니다. 만약 이들이 존재한다면, 이들을 잘 활용해 붓다 경지의 성취를 향해 진심으로 노력하십시오.

이들 전부가 없다면, 얼마나 많은 다른 중생들이 여러분과 마찬가지로 붓다 경지에 필요한 원인 전부를 갖지 못하고 있는가를 고찰하십시오. 이들로부터 모든 불선업과 고통을 가져오면서 '보내기와 받기' 명상을 시작하십시오. 이런 식으로 이들이 모든 불행에서 분리되고 붓다의 경지를 이루는데 도움이 되는 모든 조건들을 성취하게 된다고 상상하십시오.

원전:

세 가지 떨어질 수 없는 것들을 소유하라.

이들 중에 첫 번째는, 예를 들어, 스승에게 존경 보이기, 육체적으로 절

올리기, (탑) 돌기 등등과 같은 몸의 영적 활동과 떨어지지 않는 것입니다. 두 번째는 경전 암송하기, 만트라 암송하기, 붓다들에게 칭송의 시 바치기 등등과 같은 말의 영적 활동과 떨어지지 않는 것입니다. 세 번째는 두 보리심에 대한 명상 등등과 같은 마음의 영적 활동과 떨어지지 않는 것입니다.

원전:

쇠약한 사지에 대해서 말하지 말라.

아마도 우리는 세속적인 관점에서 외눈이거나 귀머거리가 된 것처럼 육체적인 장애로 고통 받거나, 영적 수행에 실패하여 고통 받거나, 부도덕한 것처럼 보이는 등등의 사람들을 알지도 모릅니다. 이들을 조롱의 대상으로 만들지 마십시오. 그렇게 하면, 여러분의 재치 없는 놀림을 듣는 이들의 마음은 불편해지고, 여러분의 로종 명상도 방해를 받게 됩니다.

원전:

다른 이들을 평가하지 말라.

예를 들어, "저 사람은 정말로 용납이 안 되는 친구야."라는 식으로 다른 이들에 대해 말하지 마십시오. 우리는 로종 전통을 육성하는 임무를 맡았습니다. 만약 다른 이들에게서 잘못을 끄집어내는 우리 자신을 그대로 놔둔다면, 이는 로종 수행을 부인하는 것입니다. 다른 이들에게서 단점을 볼 필요는 없습니다. 그리고 다른 이들의 잘못에 대해 말하는 것에는 어떠한 영적 이익도 없습니다.

다른 이들에게서 단지 잘못만을 보길 원하는 생각이, 또는 다른 이들의 잘못에 대해 말하기를 바라는 생각이 자신을 좌지우지하도록 놔둔다면,

그 어떤 방법을 사용해도 이 상황을 로종 수행 속에 머물기 위한 방편으로 활용할 수는 없습니다.

그러므로 일반적으로 다른 이들의 잘못은 보지도 말고 말하지도 마십시오. 불법 수행자들과 특히 위대한 길의 수행자들의 잘못은 보지도 말고 말하지도 마십시오. 그렇게 하지 않으면, 많은 좋지 않은 결실을 맺게 되고 좋은 에너지의 뿌리를 잘라 버리게 되며 낮은 환생의 씨앗을 만들게 됩니다. 여러분이 누군가의 단점을 우연히 알게 되었다면, "이 겉모습은 순수하지 못한 내 마음이 비쳐서 그렇게 보이는 것이다. 어떻게 저 사람이 그런 흠을 가질 수 있겠는가!"라고 혼자 생각합니다.

원전:

두 가지 수행을 실천하라.
시작에 하나 그리고 끝에 하나.

아침에 일어날 때 "오늘 나는 어떤 활동도 자기 소중히 여기기에 의해 오염되는 걸 용납하지 않을 것이다. 나는 다른 이들을 소중히 여기는 생각에서 그리고 두 가지 보리심에서 이탈하지 않을 것이다."라는 생각을 확고히 하십시오. 그러고 나서 이 서원을 억념(mindfulness)과 깨어있음(alertness)으로 유지하십시오.

두 번째로, 저녁에 잠자리에 들기 전에 그 날의 활동을 되비쳐보고 잘못된, 즉 불법답지 않은 요소들에 의해 오염되었었는지를 살펴보십시오.

그런 잘못이 있는 것처럼 보이면, "오늘 나는 이 소중한 인간 삶을 의미 있게 사용하지 못했다. 나는 자신에게 해를 입히는 사람과 같구나."라는 생각을 숙고해야 합니다. 후회를 일으키고 네 가지 대항력을 적용하여 이 실패를 정화하십시오.

만약 여러분의 활동이 자기 소중히 여기기에 의해 오염되지 않았다면, "오늘 내 삶은 의미가 있었다. 이 인간 생은 영적 길에서 약간의 진전을 이뤘어."라는 생각을 즐겁게 명상하십시오.

"지금부터 이생이 끝날 때까지, 그리고 내 모든 미래생 내내, 내가 두 가지 보리심에 대한 명상에서 이탈하지 않기를."이라는 기도문을 바치십시오.

원전:

이 둘 중에 어느 것이 일어나더라도 인내를 유지하라.

예를 들어, 다른 이들이 칭송한다거나, 재산, 부, 칭찬, 명성 등등과 같은 즐거운 일을 갑자기 경험하게 되면, 자만심으로 뿌듯해 하지 마십시오. 그 대신에, 이런 것들이 꿈에서 즐기는 것들처럼 무상하고 본질이 없음을 명상하고, 이들을 불법 수행을 뒷받침해주는 요소로 받아들이십시오.

반대로, 물조차 밑으로 흐르지 못할 정도로 여러분을 처지게 만드는 사건들을 경험하게 되면, 여러분 혼자만 곤경에 빠져 있다고 생각하지 마십시오. 그 대신에, 여러분이 다른 모든 존재들의 역경을 스스로 떠맡는 모습을 상상하면서 '보내기와 받기' 명상을 하십시오. "윤회의 낮은 세상과 높은 세상에서의 경험을 서로 비교해보면, 이생의 즐거움과 아픔 간의 차이는 대수롭지 않다. 나는 오직 내 자신의 신성한 불법 수행을 계속해야 한다. 이것이 내가 성취한 이 소중한 인간 생을 가장 의미 있게 만드는 것이다."라고 혼자 생각하십시오. 이 방식으로 숙고하면서 부정적인 경험들이 깨달음의 길을 성취하도록 도와준다고 여기십시오.

원전:

두 가지 모두 있으면, 그 모두를 (자신이) 짊어져라.

갈망, 성냄, 질투, 또는 오만과 같은 괴로운 감정 또는 무명이 여러분의 마음흐름 속에서 일어날 때마다, 모든 중생들의 이 괴로운 감정과 무명을 자신이 짊어지는 모습을 상상하면서 '보내기와 받기' 명상을 하십시오. 이 방식으로 모든 존재들이 이러한 부정적인 요인으로부터 자유로워진다고 상상하십시오.

마찬가지로 고통 또는 불쾌감이 여러분 안에서 일어날 때마다, 이것을 방편 삼아 여러분이 모든 중생들의 고통과 곤경을 스스로 짊어지는 것을 명상하십시오. 그렇게 하여 모든 중생들이 불행에서 벗어나는 것을 상상하십시오.

원전:

그대가 자신의 삶을 지키듯이 두 가지를 지켜라.

자신의 영적 약속을 지키지 않으면, 이생과 미래생의 모든 행복이 방해를 받습니다. 따라서 불법 수행의 일반적인 계를, 특히 이 로종 전통의 계를 자신의 삶을 보호하듯이 지켜야 합니다.

불법 수행의 일반적인 계에는 두 가지, 즉 함양하겠다고 서원한 것과 구루가 준 계가 있습니다. 이들 중 앞의 것은 평생 지켜야 합니다. 후자에 대해 말하자면, 자기 스승의 자격이 어떻든지 간에 그와 관련된 계를 깨는 것은 권할 만한 것이 못됩니다. 그렇게 하면 미래에 그 구루와 연관된 자각을 얻는 것이 불가능해지기 때문입니다. 그러므로 이 계 또한 평생 지켜야 합니다.

(여기 나열되어 있는) 이 로종 전통의 특별한 계들도 또한 큰 정성을 들여 지켜야 합니다. 예를 들어, 도움이 되는 사려 깊은 조언 이외에는 다른 사람들의 잘못이나 결점에 대해 절대로 말하지 마십시오.

원전:

두루 수행하라.

평범한 존재들의 정신적 능력, 본성, 특성이 부분적으로만 계발될 수밖에 없다고 해도, 우리는 우리의 육바라밀 수행과, 공부, 숙고, 명상과 같은 활동, 그리고 열 가지 다르마 방식의 함양에 있어 부분적이 되어서는 안 됩니다. 이들 중에 어떤 것들은 우리가 실제로 할 수 있는 것이고 어떤 것들은 아마도 행하는 것을 단지 상상할 수밖에 없을 것입니다.

또한 수행의 대상인 중생들에 관심을 가지면서, 높은 발전 단계에 있는 존재들과 낮은 단계에 있는 존재들을 편애하지 않으며 수행해야 합니다. 모두에게 똑같은 존경을 보이십시오.

원전:

특별한 경우에 대해 지속적으로 수행하라.

일반적으로 모든 중생들을 대상으로 마음 수행을 해야 합니다. 그러나 특히 다음과 같은 다섯 부류의 사람들에게, 즉 가까운 동료들, 우리에게 해를 줘온 경쟁자들, 우리가 해를 주지 않았음에도 불구하고 우리에게 해를 입히는 사람들, 우리에게 해를 입히지 않았음에도 불쾌하고 역겹게 보이는 사람들, 우리의 영적 스승들, 부모 등등과 같이 우리에게 커다란 이익을 줘온 사람들에게 특별한 관심을 보여야 합니다. 이들 중 첫 번째 네 가지 부류를 대할 때 괴로운 감정이 섞이면 수행을 망칠 수도 있는 커다란 위험이 발생합니다. 다섯 번째 부류의 경우, 이들이 우리에게 보여줬던 커다란 은혜 때문에, 여기서 우리가 사소한 잘못을 해도 무거운 과보가 일어날 수 있기에 특히 조심해야 합니다. 이러한 것이 특별한 경우이고 이들과 같이 있을 때는 특별한 강도로 명상해야 합니다.

원전:

쉬운 수행을 닦아라.

어떤 사람들은 "다른 이들의 고통과 부정적인 업을 내가 짊어진다거나, 이들에게 내 행복이나 공덕을 주는 것은 정말이지 가능하지 않아."라고 생각합니다. 그렇지만, 몸과 말에 너무 엄격할 필요는 없습니다. 명상을 하고 그렇게 해서 자기 관점을 변형시켜 그저 마음을 닦는 것으로 충분합니다. 따라서 개인적인 희생을 통해 스스로 곤경을 초래할지도 모른다는 의문은 일어나지 않습니다. '보내기와 받기'를 명상할 수 없을 정도의 결함은 존재하지 않습니다.

원전:

가장 거친 요소부터 먼저 정화하라.

어떤 무명 또는 괴로운 감정이 우리 안에서 가장 강력한지를 그리고 우리의 영적 성장에 가장 즉각적으로 해로운 것이 무엇인지를 알기 위해서, 지속적으로 우리의 마음을 살펴야 합니다. 가장 거친 것이 무엇이든지 간에 그것을 먼저 정화해야 합니다.

원전:

그렇지만 실행이 엄격해 지는 것은 피하라.

인간이나 비인간들에게 엄격해질 필요는 없습니다. 사실, 그렇게 하는 것은 세속적으로나 영적으로나 모두 해롭습니다.

뭐에 대해서 엄격해야 할까요? 그것은 모든 고통의 뿌리인 자기를 소중히 여기는 태도입니다. 우리는 이를 모든 영적 노력의 표적으로 삼아야 합니다.

원전:

독이 섞인 음식을 피하라.

유익한 음식은 우리의 몸과 삶을 지탱해줍니다. 그러나 독과 섞이면, 똑같은 음식이 반대 효과를 갖습니다. 마찬가지로, 영적 수행은 더 높은 존재와 최종적인 선함을 뒷받침해주는 생명력이 되지만, 자기 소중히 여기기라는 독을 수행에 섞게 되면 더 높은 존재와 최종적인 선함을 성취하려는 우리의 정신능력에 해를 입게 됩니다. 따라서 자기 소중히 여기기라는 독을 영적 수행이라는 음식에 섞지 않도록 하십시오.

원전:

유약한 대처 방법에 의존하지 말라.

몇몇 수행자들은 즐거움을 주는 존재들에게는 사랑과 연민을 실천하지만, 곤경을 야기하는 이들을 향해서는 분함을 품습니다. 우리는 그렇게 해서는 안 됩니다. 이런 품행은 보살의 길을 염원하는 사람은 고사하고 성문승(聲聞乘)에 따라 수행하고 있는 사람에게도 가치가 없습니다.

원전:

복수를 계획하지 말라.

때때로 누군가가 해를 가했을 때 우리는 즉각적으로 분함을 표현하지는 않지만, 나중에 복수하려는 생각을 품습니다. 복수와 관련된 모든 생각을 피하십시오.

원전:

교활하지 말라.

여러분이 갈망하는 무언가를 다른 사람이 가진 것을 보게 될 때, 그것을 얻기 위해 기만적인 수단을 사용하지 마십시오.

원전:

황소에게 조(dzo)의 짐을 싣지 말라.[61]

예를 들어, 여러분이나 다른 누군가에게 어떤 일 또는 곤경이 닥치려 할 때, 이를 다른 사람에게 돌리기 위해서 기만적이거나 교활한 수단을 사용하지 마십시오.

원전:

슬픔에 기뻐하지 말라.

우리는 다른 사람들의 슬픔의 원인을 자신의 행복의 원인으로 삼아서는 안 됩니다. 예를 들어, 경쟁자가 죽으면, 그의 죽음이 우리에게 이로움을 줄 것이라는 생각으로 기뻐해서는 안 됩니다. 또는 친구나 친척들이 사망할 때, 그로 인해 재산의 일부를 물려받을 것이라고 기뻐해서는 안됩니다. 또는 후견인이 사망했을 때, 우리가 그에게서 뭔가를 물려받을 것이라는 생각에 기뻐해서는 안 됩니다. 결코 다른 이들의 고통을 자기 행복의 일부로 여기지 마십시오.

원전:

잘못된 치료 수단을 행하지 말라.

때때로 이 세상에서는 소중하게 여기는 사람이 아프게 되면 가족이나 친구들이 그 사람이 죽지 않도록 하기 위해 쉬-드라(shi-dra, Shi-gra) 또는 루-탕-와(lu-tang-wa, gLud-gtong-ba)와 같은 온갖 다양한 치료 의식들을 행하거나 치료사에게 의뢰하게 됩니다. 그러나 우리는 자신의 병을 치료하기 위해 로종 명상을 사용해서는 안 됩니다. 이것은 로종 명상의 목적이나 기능이 아닙니다.

원전:

잘못된 마음가짐을 피하라.

다시 말해, 우리는 여섯 가지 잘못된 마음가짐을 피해야 하고, 여섯 가지 잘못될 수 없는 마음가짐을 길러야 합니다. 여섯 가지 잘못된 마음가짐이란 다음과 같습니다.

첫 번째는 잘못된 우선순위입니다. 우리의 에너지를 깨달은 존재들의 생각과 일치시키는 불법 수행에 바치는 것이 아니라, 단지 세속적인 성공을 이루는데 바치는 것을 의미합니다.

그 다음은 잘못된 인내입니다. 깨달음 길의 수행에서 만나게 되는 곤경을 인내하는 것이 아니라, 경쟁자들을 이기기 위한 활동 그리고 친구를 돕는 활동으로 겪게 되는 곤경을 인내하는 걸 뜻합니다.

세 번째는 잘못된 취향입니다. 공부, 숙고, 명상과 같은 영적 활동들, 즉 더 높은 존재로 그리고 깨달음으로 향하려 애쓰는 것을 좋아하지 않고, 세속적인 활동과 탐닉만을 좋아하는 걸 뜻합니다.

네 번째는 잘못된 연민입니다. 미래에 고통을 낳게 되는 부정적인 활동에 몰두해 성공을 거둔 부유한 사람들에게 연민을 느끼지 않고, 아마도 영적 길을 추구하기 위해 행한 희생으로 인해 적절한 음식, 옷, 또는 거처가 부족해 보이는 불법 수행자들이나 요기들에게 연민을 느끼는 것을 말합니다.

그 다음은 잘못된 격려입니다. 즉, 비록 모든 중생을 고통에서 해방시키겠는 서원을 했음에도 불구하고, 영적 길의 수행을 이루기 위해 조언을 구하는 사람들을 격려하지는 않고 세속적인 출세와 번영을 얻도록 노력하라고 격려하는 것을 말합니다.

마지막으로, 자기 자신과 다른 이들의 영적 선함에 기뻐하기 보다는 우리에게 해를 끼친 이들에게 닥치는 불행에 즐거워할 때, 잘못된 기쁨이 일어납니다.

원전:

민감한 부분은 건드리지 말라.

다시 말해, 공개적인 장소에서 다른 이들의 결점이나 잘못을 말하지 마십시오.

원전:

신을 악마로 만들지 말라.

세속적인 신들에 의지한다거나 이들 신들을 달래면, 커다란 이익을 얻게 되거나 해가 미치지 않도록 보호받을 수도 있습니다. 그렇지만, 나중에 이들을 무시한다거나 경시하게 되면, 우리에게 많은 문제를 가져다 줄 수도 있습니다. 이는 신을 귀신으로 만드는 것이라고 알려져 있습니다.

마찬가지로, 로종 전통의 수행은 괴로운 감정을 우리 내면에서 제거하기 때문에 행복과 깨달음이라는 이익을 우리에게 가져오게 되어 있습니다. 이 수행이 자만심, 오만, 자기 소중히 여기기 등등의 괴로운 감정을 고조시키는 방식으로만 적용된다면, 이는 신을 악마로 만드는 것과 같습니다. 수행이 이런 방향으로 전개되는 것을 용납하지 마십시오.

원전:

일관되어야 한다.

다른 이들이 행한 표면적으로 선한 또는 악한 일들에 대해 즐거움이나 불쾌함 등의 다양한 표현을 드러낼 때, 우리는 타인에게 일관된 품행을 유지해야만 합니다. 따뜻함과 유머로 한결 같이 대응하는 것이 더 낫습니다. 그렇지 않으면 다른 이들의 마음에 불안을 야기하게 됩니다.

마찬가지로 어떤 때에는 강도 높게 수행하고 다른 때에는 거의 수행하지 않는 식으로 일관되지 못한 방식으로 명상 수행을 해서는 안 됩니다. 일관되지 않은 노력으로는 성취를 이루기가 어렵습니다.

원전:

치우치지 말라.

다시 말해, 지혜와 행이라는 두 요소로 된 수행에서 한쪽에 치우치지 마십시오. 우리는 어떻게 물질의 가장 작은 입자조차 본래부터 갖추고 있는 존재성[1]이 없는지를, 그리고 그럼에도 불구하고 어떻게 진리의 관습적 수준에서는 모든 행들이 인과적 효력을 갖는지를 제대로 이해해야만 합니다.

한 쪽을 강조하여 결국 다른 한 쪽을 해치는 경우 없이, (공의) 관점과 다양한 활동들이 분리될 수 없는 본성을 지닌 이 길을 수행하십시오.

원전:

주된 몸통과 가지 둘 다를 닦아라.

관습적인 보리심 수행을 예로 들어봅시다. 이 경우, 자유와 타고난 행복들로 축복받은 인간 생이 소중하고 희귀하다고 숙고하는 것과 같은 예비단계 명상이 준비라는 가지로 작용합니다. '보내기와 받기'가 섞여 있는 명상은 수행의 주된 몸통입니다. 그리고 끝맺는 절차라는 가지는, 공덕을 회향하고 영적 염원을 바치는 것과 함께, 이 노력을 마무리 짓는 수행은 물론 모든 현상들에는 본래부터 갖추고 있는 존재성이 공하다는 것을 명상하는 것으로 이뤄져 있습니다.

마찬가지로, 궁극의 보리심 수행에서 준비의 가지에는 관습적 보리심에 대한 명상을 포함하여 관습적 보리심에 이르는 모든 명상이 포함돼 있

---

[1] Inherent existence. 자성(自性)으로 번역할 수도 있다.

습니다. 수행의 실제 몸통은 공에 대한 명상이고, 끝맺는 절차의 가지는 너그러움 등등과 같은 수행으로 이뤄져 있습니다.

원전:

대상을 차별 없이 수행하라.
진심으로 모든 것을 포용하고 소중히 여겨라.

우리는 유정과 무정 현상에 의해 제시된 도전들에 대해 똑같이 두려움 없이 로종 방편 속에서 수행해야 합니다. 더욱이, 이 노력 속에서 두 가지 보리심이 우리를 고무하고 이끌도록 해야 합니다.

우리의 수행이, 맥주 단지 속으로 던져진 한 줌의 볶은 보리 가루가 맥주 위에 떠다니는 것과 같이 되어서는 안 됩니다. 다른 이들에 대한 존경은 우리 존재의 가장 깊은 내면으로부터 일어나야 합니다.

로종 수행자들에게 주는 조언

원전은 말합니다.

한 가지 방식으로 모든 요가를 수행하라.

탄트라 수행자는 씻기 요가, 먹기 요가, 잠자기 요가 등등과 같은 요가 수행자다운 방편을 활용합니다. 이 로종 시스템에서 수행자는 모든 요가를 두 가지 보리심에 대한 명상활동으로 변화시킵니다.

원전:

모든 해결책을 한 가지 방식으로 사용하라.

어떠한 고통 또는 악감정이 일어나더라도, 이들 모두를 한 가지 해결책, 즉 보리심에 대한 명상이라는 해결책을 사용합니다.

원전은 말합니다.

분함을 품지 말라.

어떤 식으로든 누군가가 여러분에게 해를 입힌다면, "그가 이런 저런 짓을 내게 했어."와 같은 생각에 머물지 마십시오. 다른 이들에 대해서 호의적이지 않은 정신적 이미지를 마음이 즐기도록 용납하지 마십시오.

원전:

오만으로 대응하지 말라.

다시 말해, 다른 이들이 여러분에게 어떠한 어려움을 가져다주든지 간에 폭력이나 협박의 말로 대응하지 마십시오.

원전:

칭찬을 기대하지 말라.

누군가에게 행했던 친절에 대한 보답으로 실제로 물건이나 선물을 바라지 않을 수는 있지만, 우리가 베푼 행위에 대해 이들이 말하는 것을 들으면 기뻐하고, 때로는 이를 갈망하고 있는 우리자신을 발견하게 됩니다. 그 일이 언급되지 않으면 "내가 그에게 행했던 유익한 일들에 대해서 그가 언급조차 하지 않으니, 이 사람에게는 좋은 일을 해주든 나쁜 일을 해주든 다를 게 없어."라고 생각합니다. 칭찬하는 소리를 듣고자 하는 열망을 품지 않도록 하십시오.

원전:

자만심에 익숙해지지 말라.

다시 말해서, 여러분이 다른 이들을 위해 뭔가를 했다는 생각에 마음이 머물도록 하지 마십시오. 그 사람이 약간 도움 받았음을 안 것으로 그저 만족하십시오. 이것이 충분한 보상이 되어야 합니다. 시작이 없는 시간 이래로 셀 수 없는 생을 거쳐 모든 중생들은 단지 한번이 아니라 거듭 거듭 우리에게 어머니셨고 그때마다 어머니가 자식에게 베푸는 모든 이익을 주셨습니다.

더욱이, 우리의 활동을 통해 어떤 중생이 깨달음의 영역에 더 가까워졌다면, 모든 중생들에게 이익이 되겠다는 우리의 서원이 어느 정도 이뤄진 것입니다. 가장 높은 깨달음을 다짐했을 때 모든 붓다들과 보살들 앞에서 모든 중생들에게 행복과 해탈을 가져다주겠다고 맹세했기 때문에, 이를 자랑스럽게 뒤돌아볼 필요는 없습니다.

원전:

뭐가 일어나든지 그에 따라 명상하라.

행복의 시기든 곤경의 시기든, 도시에 있거나 암자에 있거나, 그리고 일반적으로 모든 활동 속에, 즉 움직이거나, 앉아 있거나, 서 있거나, 누워 있거나, 계속해서 로종 가르침에 대해 명상하십시오.

원전:

외적 조건에 의존하지 말라.

대부분의 수행자들은 질병 등등과 같은 부정적인 조건들로부터 자유로워지는 게 필요하며 충분한 음식과 옷 등등과 같은 도움이 되는 조건이 필요합니다.

그러나 이 전통에서는 부정적인 요소들의 있음과 유익한 조건의 없음을 로종 명상의 영역 안에서 있는 그대로 받아들입니다.

원전:

모든 핑계를 부숴버려라.

때때로 다른 이들에 대한 우리의 증오를 정당화하기 위해, 예를 들어 "그는 이런저런 짓을 했어."와 같은 핑계를 사용하는 걸 발견하게 됩니다. 해로운 마음을 부숴버리고 어떤 사람은 가깝게 그리고 어떤 사람은 멀게 여기는 것 없이 모두에 대한 사랑을 기르는 명상을 하는 것이 낫습니다.

원전:

통찰과 분석으로 깊게 생각하라.

여러분의 마음 상태와 이를 통과해 지나가는 괴로운 감정들의 힘을 지켜보기 위해 통찰과 분석을 적용하십시오. 어떤 내적 힘들이 현재 여러분의 영적 성장을 가장 방해하는지를 확인하십시오. 그리고 나서 이에 대응하는 명상 방편을 적용하십시오.

원전:

자신감을 가지고 수행하라.

괴로운 감정이나 무명이 마음에 일어날 때, "지금 이 문제를 해결하는 데 이 명상만으로 충분할까?"와 같은 스스로 패배적인 생각을 하는 의구심 때문에 대응하는 명상을 적용하길 주저하지 마십시오. 효과적으로 행할 수 있는 범위 내에서 자신 있게 다양한 방편들을 적용하십시오.

원전:

중요한 것들을 즉각적으로 완수하라.

과거 윤회에서 우리는 셀 수 없이 많은 환생을 했지만, 대부분은 세속적인 목표에 인생을 낭비했고 지금 우리에게는 아무것도 남아 있지 않습니다. 우리는 중요한 것을 이루기 위한 도구인 이 소중한 인간 삶을 활용해야 합니다. 무엇이 중요한지를 구체적으로 말하자면, 이 짧은 생에 이익이 되는 일들과 더 지속적인 방식으로 이익을 주는 영적 수행 중에서 후자가 더 중요합니다. 불법 이론과 이에 대한 실제 수행이라는 두 분류 중에는 후자가 더 중요합니다.

마지막으로, 존재하는 모든 다양한 불법 수행들 중에서, 가장 중요한 것은 두 가지 보리심에 대한 명상 수행입니다. 우리가 최우선 순위를 둬야만 하는 것은 바로 이것입니다.

원전:

가장 의미 있는 것을 완수하라.

절 짓기, 종교 조각상과 탱화 조성하기 등등과 같은 활동들이 항상 영적으로 유익하기만 한 것은 아닙니다. 때때로 이런 방향으로 우리가 일을 진행하다가 다른 존재들을 불편하게 만들 수도 있고 강도 높은 명상 수행에서 멀어질 수도 있습니다. 사람들을 미혹되게 하거나 인간 동료들에게 푹 빠질 수도 있습니다. 아니면 이런 활동과 관련해서 다른 중생들에게 해를 입히거나 심지어 죽게 할 수도 있습니다.

그렇다면, 무엇이 가장 의미가 있는 걸까요? 그것은, 예를 들어 우리가 받아들인 영적 약속이나 계를 유지하는 것과 같은 내면의 영적 활동입니다. 그리고 듣기, 숙고, 명상(聞思修)의 세 갈래 적용을 통해 우리의 존재 흐름을 갈고 닦는 것입니다. 최고의 이익을 세상에 주기 위해서 바로 시작하십시오.

원전:

결과에 대한 모든 희망을 버려라.

이 로종 전통에 따라 명상 수행을 하는 사람들은 일시적으로 그리고 지속적으로 이익이 되는 여러 방대한 효과들을 경험하게 됩니다. 해로운 영향과 지장을 주는 요소들은 저절로 멈춥니다. 사람들과 신들이 똑같이 좋아하게 됩니다. 번영과 존경을 함께 얻게 됩니다. 더 높은 수행에 유리한 더 높은 환생을 얻게 됩니다. 그리고 결국 최종적인 깨달음이라는 완전한 힘을 성취하게 됩니다.

그러나 우리는 이런 일들에 대한 바람이나 기대를 갖지 말아야 합니다. 그 대신에, 모든 중생들의 이익을 위해 해탈과 깨달음을 얻겠다는 염원 속에 머물고 '보내기와 받기' 로종 기법에 대해 명상하십시오.

원전:

앞으로는 항상 보살 갑옷을 입어라.

여러분은 "우리가 결과에 대한 모든 바람을 버려야만 한다면, 영적 길의 수행에 자극제가 없어지게 될 것이다."라고 생각할 수도 있습니다.

우리 수행의 목표가 우리 자신만의 이익을 위한 것이어서는 안 됩니다. 오히려, 시작이 없는 시간 이래로 셀 수 없이 많은 과거생을 거쳐 모든 중생들은 이런저런 때에, 단지 한 번이 아니라 반복해서 우리의 어머니였음을 지속적으로 자신에게 상기시켜야 합니다. 그런 생에서 이들은 어머니가 아이에게 줄 수 있는 온갖 이로움을 다 주셨고 온갖 해로움에서 우리를 보호해주셨습니다.

이런 방식으로 살아있는 모든 존재들을 향해 사랑과 연민을 일으키십시오. 그리고 세상에 더 큰 이익이 되기 위해 붓다 경지를 성취하겠다고 결심하십시오. 붓다 경지의 성취에 관해서는, 두 가지 보리심에 대해 명상해야 하며, "나는 이 두 가지 보리심에 대한 명상 수행을 완수할 것이다."라는 생각을 길러야만 합니다.

이런 생각으로 이뤄진 보살 갑옷을 매일 여섯 번 입으십시오.

[1대 달라이 라마의 최초 글에 15세기 편찬자/편집자가 더한] 간기(刊記): 대승 로종 [Tib., Theg-chen-blo-sbyong] 전통에 대한 이 짧은 주석서는 타락한 이 시대를 살고 있는 존재들에게 이익을 주겠다는 생각으로 모든 것을 다 아시는, 모든 붓다들의 지식과 자비의 전형, 관세음보살의 화신인 겐둔 드룹다(Tib., dGe-'dun-grub-pa)가 쓰셨습니다. 이 세상을 장식한 최고의 보석, 모든 부정적인 힘들이 초월된 마법같은 정원인 타시룬포(Tashi Lhunpo, Tib., bKra-shi-lhun-po) 사찰에 계셨을 때 이를 지으셨습니다.

이것이 이 소중한 깨달음 가르침들이 세상에 퍼지고, 그 영향력과 순수성이 커지며, 이 세상에 오래 남게 되는 원인이 되기를. 그리고 이로 인해 중생들의 행복과 자유가 커지기를.

영적 에너지, 선함, 모든 상서로운 표시가 지상에 드러나기를. 중생들이 내면의 평화, 해탈, 깨달음을 성취하기를.

■ 주 석

【 역자의 소개 글 】

1. 아티샤의 삶과 작품에 대한 가장 포괄적인 연구는 A. Chattopadhya와 라마 Chinpa가 출판한, *Atisha and Tibet*(Calcutta: R.D. Press, 1967)입니다. 이것은 고도로 학문적인 역사 분석서입니다.

   두 번째로 가치 있는 작품은 라마 드롬 톤파가 쓴 디팜카라 쉬리즈나나의 전통적인 전기를 라마 Thubten Kalang 등이 영어로 번역한 *Atisha* (Bangkok: The Social Science Association Press, 1974)라는 제목의 책입니다. 이 책은 아티샤의 인도네시아 여행과 셀링파 아래에서의 배움에 대해 어느 정도 자세하게 다루고 있습니다.

   또한 Doboom Tulku 스님과 함께 제가 아티샤에 관한 작은 모음집을 편찬했습니다. 제목은 *Atisha and Tibetan Buddhism*(New Delhi: Tibet House, 1982)입니다. 이 작은 책에는 디팜카라가 번역한 여러 개의 시들은 물론, 쫑카파의 *Lam-rim-chen-mo*(보리도차제)의 소개 부분에서 찾은 짧은 아티샤의 전기가 번역되어 있습니다. 인도에서 국경일로 축하했던 디팜카라 탄생 1,000번째 기념일에 세상에 나왔습니다.

2. *마음 닦기 일곱 요점*(*Seven Points for Training the Mind*)에 대한 다수의 영어 번역 주석서들이 이전에 있었습니다. 이들 중에 첫 번째는 Ken MacLeod가 번역한 Jamgon Kongtrul(Tib., `Jam-mgon-kong-sprul)의 책입니다. 사실, Jamgon의 이 책은 유명한 Tokmey Zangpo(Tib., Thogs-med-bzang-po)의 초기 티베트 주석서를 다시 쓴 것으로 보입니다.

   근자에 돌아가신 Geshe Rabten이 쓴 현대적인 구술 주석서는 Gonzar Tulku와 Brian Beresford가 번역한 모음집 *Advice from a Spiritual Friend* (New Delhi: Wisdom Publications, 1977) 속에 있습니다.

   세 번째로 세상에 나온 것은, 1대 달라이 라마의 삶과 작품들에 관한 저의 연구, *Selected Works of the Dalai Lama I: Bridging the Sutras and Tantras*(Ithaca, N.Y.: Snow Lion Publications, 1981)에 포함되어 있는, 이 성인의 두 가지 주석서들 중에 짧은 것입니다.
   덧붙이자면, 저의 *Selected Works of the Dalai Lama VII: Songs of Spiritual Change*(Ithaca, N.Y.: Snow Lion Publications, 1982)는 위대한

7대가 로종 명상에서 발은 개인적인 경험들에서 영감을 얻어 지은 신비스런 노래와 시들의 모음집입니다.

3. 티베트에 생존해 있는 인도네시아 불교 법맥에 대한 주요 연구는 아직 이뤄지지 않았습니다. 몇 년 전에 제가 Borobudur의 경이로운 불교 기념물들의 중요성과 역사에 대해 약간의 빛을 비출 수 있을 것이라는 생각으로 그런 프로젝트를 해 볼까도 생각했었습니다.

인도네시아에서 티베트로 들어온 법맥들은 아티샤의 것에만 국한되지는 않습니다. George Roerich가 번역한 *The Blue Annals*(靑史, 뎁테르곤뽀) (Calcutta: The Royal Asiatic Society, 1949)와 같은 티베트 역사서들은 "황금 섬들"로 여행을 떠났던, 또는 인도에 계셨던 인도네시아 마스터들과 공부했던, 그리고 그 뒤에 자신들의 법맥들을 티베트로 가져오신 수많은 다른 티베트 스승들에 대해 언급하고 있습니다.

1대 달라이 라마의 스승들 중에 한 분, 아마도 인간 역사에서 가장 다작하신 분이라고 말할 수 있는, 논란이 많은 Bodong Chokley Namgyal (Tib., Bo-gdong-phyogs-las-rnam-rgyal)의 작품들이 잃어버린 인도네시아 불교의 과거에 대해 추가적인 단서를 제공해 줄지도 모릅니다.

4. 초기 까담파 법맥 전수 스승들에 관한 더 자세한 내용은 *The Blue Annals*(靑史, 뎁테르곤뽀)를 보십시오.

5. *Path of the Bodhisattva Warrior: Life and Teachings of the Thirteenth Dalai Lama*(Ithaca, New York: Snow Lion Publications, 1988).

6. 제가 알기로는 아직 영어로 번역되지 않았습니다.

7. *Selected Works of the Dalai Lama I: Bridging the Sutras and Tantras* (Ithaca, New York: Snow Lion Publications, 1981).

8. *The Nine Ways of Bon*(Oxford University Press, 1967).

9. *Tibet: A Dreamt of Image*, Jack Finnigan (New Delhi: Tibet House, 1986)을 보십시오.

10. Stephen Batchelor, *The Tibet Guide*(London: Wisdom Publications, 1987).

11. *Bridging the Sutras and Tantras*에서 인용.

【 위대한 길에서 마음 닦기 】

1. Tib., Theg-chen-blo-sbyong; 텍첸 로종(tekchen lojong)으로 발음합니다.

2. 라마 아티샤는 합쳐서 50명 이상의 영적 마스터들과 함께 공부했다고 합니다. 그렇지만 항상 이 문장에서 언급한 3분을 가장 고마운 분으로 표현했습니다. 특히, 그의 인도네시아 마스터 셀링파를 가장 가까운 그리고 가장 중요한 영적 안내자로 생각했습니다.

3. Tib., bDud-rtsi-snying-po; 두찌 닝포(dutsi nyingpo)로 발음합니다.

4. 이 라마는 1대 달라이 라마가 7살 때 견습으로 날탕 사원에 들어갔을 때 그 사원의 큰 주지였습니다. 이 아이의 아사리(阿闍梨), 계사(戒師)로 1대 달라이 라마에게 겐둔 드룹파라는 이름을 줬는데, 이 이름이 세상에 널리 알려지게 됩니다. 그때 이후로 줄곧 이 주지 스님은 영적인 지원은 물론 물질적인 지원을 이 젊은 학승에게 제공합니다. 사실 성장기의 겐둔 드룹파에게 거의 제2의 아버지였습니다.

5. 라마 Chekhawa는 앞의 소개부분에서 인용했던 13대 달라이 라마의 로종 법맥에 관한 글에 언급되어 있습니다. 이 전통의 보존에 대한 걱정으로 *마음 닦기 일곱 요점*(수심칠요, 수심요결)이란 가르침을 최초로 종이에 옮긴 분이 Chekhawa입니다. *The Blue Annals*(靑史, 뎁테르곤뽀)를 보십시오.

6. 입보리행론(入菩提行論). A Guide to the Bodhisattva Ways (Tib., sPyod-'jug; Skt., Bodhisattva-charya-avatara). 이 작품의 영어 번역본은 다수 있습니다. (가장 우아한 것은 아니지만) 가장 정확한 것은 Library of Tibetan Works and Archives (Dharamsala: 1981)가 출판한 Stephen Batchelor의 *A Guide to the Bodhisattva's Way of Life*입니다.

7. 이곳은 겔룩 종파의 설립자인 라마 쫑카파가 1409년 설립한 사찰입니다. 그 후 몇 십 년 동안 잇따라 생긴 수 백 개의 겔룩파 사찰의 모델이 되었습니다.

8. 라마 쫑카파가 자신의 5년 명상 안거를 예상보다 일찍 끝냈던 곳은 Olkha 산맥 안이었습니다. 이 안거 동안에 그를 따랐던 여덟 명의 제자들 중에 여섯 명이 조악한 음식으로 연명했다고 합니다. 자신들의 명상 능력을 이용해 하루 한 줌의 향나무 열매만으로 생존했다고 합니다.

9. 간덴(Ganden) 사찰은 원래 '서쪽 봉우리(the Western Peak)'와 '동쪽 봉우리(the Northern Peak)'라는 두 부서가 있었습니다. 라마 남카 팔덴(Namkha Palden)은 후자 출신이고, 간데 장쩨(Ganden Jangtse)로 알려졌습니다.

10. 성문과 독각들은 개인적인 열반이라고 하는 홀로 평화로운, 즉 보살의 "머물지 않는" 열반에 뒤지는 자기만족적인 성취를 추구한다고 합니다.

윤회나 열반 속에 머물지 않기 때문에 보살의 성취는 "머물지 않습니다." 또한 여러 대승 경전들이 자주 말하는 것처럼, 보살의 지혜는 보살에게 윤회에서 해방을 가져다줍니다. 반면에 보살의 위대한 자비는 보살이 열반의 고요 속에 머무는 걸 허락하지 않는다고 합니다.

11. 때때로 우리는 보살이 이 세상에 머물며 중생들을 제도하기 위해 자기 자신의 깨달음을 포기했다고 말하는 것을 목격합니다. 사실은 전혀 그렇지 않습니다. 이와 반대로, 보살은 중생들에게 더 큰 이익이 되기 위해서 가능한 한 빨리 깨달음을 성취하려고 노력합니다. 이 점은 1대 달라이 라마가 자신의 주석서 후반에 단호하게 주장하셨습니다.

12. 다시 말해서, 싯달타(Siddhartha) 태자로 태어나셨던 역사상의 부처님은 승려 고타마(Gotama)가 되었고, 나중에 깨달음을 얻어 '부처님(붓다)'가 됩니다. 석가모니(Shakyamuni)는 문자 그대로 '석가(Shakya) 족의 성자'를 뜻합니다. 싯달타의 아버지는 석가 혈통이었습니다. 따라서 깨달은 후에 승려 고타마는 석가모니 부처님으로 알려집니다.

13. 고대 인도에서는 이 두 가지 주요 불교 사상들 간에 상당한 논쟁이 있었습니다. 그렇지만, 티베트에서는 양쪽 경향을, 개인의 수행에 있어 여러 가지 다른 측면으로 여겨 이 갈등을 피했습니다. 전자는 적당함과 간소함을 지향하는 외적 경향으로, 후자는 위대한 자비의 진수 그리고 신념(vision)으로 봅니다.

14. 다시 말해, 우리는 열린 마음으로 영적 마스터의 말을 경청하는 방법을 배워야만 합니다. 그러나 14대 달라이 라마가 자신의 주석서 *Essence of Refined Gold*(Ithaca, N.Y.: Snow Lion Publications, 1982)에서 지적하셨듯이, 이것은 우리가 구루의 문제를 다룸에 있어서 우리의 이성이나 비판적 지성을 포기해야 한다는 것을 의미하지는 않습니다.

15. 이들은 각각 자비, 지혜, 그리고 깨달음의 힘을 나타냅니다.

16. 일곱 바침의 각각에 대해 이 신성화 만트라를 반복합니다. ARGHAM을 다른 바치기 대상물의 이름으로, 즉 PADYAM, PUSHPE, DHUPE, ALOKE, NAIVEDYA, SHABDA로 각각 바꿉니다. 이들은 티베트인들이 일반적으로 자신들의 제단 위에 도셔놓는 일곱 개의 공양물 잔 안에 상징적으로 놓는 물질입니다. 일곱 개의 공양물들 중 둘은 차갑게 식혀주는 물, 나머지는 오감의 대상입니다.

17. 이 네 음절은 초월의 힘과 가까워지는, 합쳐지는, 일치하는, 분리할 수 없는 하나가 됨을 상징합니다.

18. 보현보살행원찬(普賢菩薩行願讚). 이것은 산스크리트로 *Mahayana-pranidana-raja* 또는 "대승 염원의 왕"으로 알려진 의식의 도입부입니다.

이것은 *화엄경*(Avatamsaka Sutra)으로 알려진 위대한 대승 경전의 일부인 *입법계품*(Gandhavyuha-sutra)에서 인용한 것입니다.

19. 이것과 1대 달라이 라마의 주석서의 예비단계 부분에서 찾은 나가르주나의 아래 인용문들의 대부분은 나가르주나의 *Letter to a Friend* (권계왕송勸誡王頌, 친우서親友書, Tib., bShes-sbring, Skt., Suhrllekha)에서 취했습니다. 이 작품은 Geshe Lobsang Tharchin과 Artemus B. Engle이 영어로 번역한 *Nagarjuna's Letter* (Dharamsala: Library of Tibetan Works and Archives, 1979)로 출판되었습니다.

20. 티베트 법구경(法句經). *석가모니 부처님 말씀 모음집* (Tib., 'Ched-du-brjod-pai-tshoms, Skt., Udanavarga)은 Gareth Sparham이 *The Tibetan Dhammapada* (New Delhi: Mahayana Publications, 1983)라는 제목의 영어책으로 출판했습니다.

21. Draminyan(구로주俱盧洲)과 Dzambuling(섬부주贍部洲). 이 둘은 인도 전설에서 유래된 인간들이 살고 있는 두 전설적인 '대륙' 또는 세상에 대한 티베트 이름입니다. 전자는 '북쪽 대륙', 태양이 하늘을 에메랄드 색조로 빛나게 하는 곳으로 기막히게 좋은 풍요한 나라이고, 후자는 우리 행성 지구로 태양이 하늘을 보석 같은 푸른빛으로 보이게 하는 '남쪽 행성'입니다.

22. 나가르주나의 *Letter to a Friend*(권계왕송勸誡王頌, 친우서親友書).

23. 입보리행론(入菩提行論). A Guide to the Bodhisattva Ways; Skt., Bodhisattva-charya-avatara; Tib., sPyod-'jug.

24. Yojana(유순由旬): 양 팔을 펼친 길이. 500 Yojanas는 약4 마일.

25. *The Hundred and Fifty Praises; Tib.*, bsTod-pa-brgya-lnga-bcu-pa; Skt., Satapancashatka-stotra.

26. *A Tapestry of Verse*; Tib., sPel-mar-bsTod-pa; Skt., Mishraka-stotra.

27. 이 현상은 특히 영어에 능통하지는 않지만 그럼에도 불구하고 영어로 가르치시는 몇몇 티베트 라마들에게서 나타나는 것으로 보입니다. 딱 들어맞는 사례가 네팔의 에베레스트 산악 지역에서 온 라마 Tubten Zopa Rinpoche입니다. 그는 라마 Tubten Yeshe의 환생 찾기의 책임을 맡았었는데, 이제 라마 Osel Torres로 유명해진 스페인 아이를 찾은 것으로 그 책임을 마쳤습니다.

라마 Zopa가 말하는 것을 정확하게 파악하는 것은 결코 쉽지 않습니다. 모든 사람들이 자신의 업의 성향에 따라 자신만의 뭔가를 듣는 것 같습니다. 저의 한 여성 친구가 언젠가 라마 Zopa가 주신 Heruka 입문에 참석했었는데, 그 모임의 첫 번째 날을 마감하면서 라마 Zopa가 뭔가를 말했지만 그녀는 이해가 되지 않았습니다.

그녀는 오른 쪽에 있던 한 독일 여성에게 물었습니다. 그녀는 속삭이며, "우리가 모두 헤루카(Heruka)처럼 생각해야 한다고 말했습니다."라고 대답해 주었습니다. 믿음이 가지 않아서, 자신의 왼쪽에 앉아있던 사람에게 물었습니다. "우리가 내일 2시에 여기로 되돌아와야 한다고 말했습니다."라는 답변을 들었습니다.

전자는 가장 초월적인 의미를 들었고, 후자는 더 실질적이고 세속적인 해석을 연마했던 것 같습니다.

이 일화는 티베트의 고전을 번역하는 저에게 자신감을 불러 일으켰습니다. 제 번역에서 이 정도로 전혀 다른 차원의 의미를 지니고 있는 문장들을 발견하게 되는 경우는 거의 없었습니다.

28. *The Chapter of the Truthful One*(Tib., bDen-pa-poi-leu). 이 책은 Tengyur에 따로 등재되어 있지 않습니다. 제가 알기로, 이 책은 Atisha's *One Hundred Little Dharmas* (Tib., Jo-bo-chos-chung-brgya-rtsa)로 알려진 전집에 포함되어 있던 짧은 작품입니다.

29. *In Praise of the Praiseworthy*; Tib., bsNgag-os-bsngag-bstods; Skt., Devatishaya-stotra.

30. *In Praise of the Superior One*; Tib., Phags-bstod; Skt., Vishesa-stava.

31. *The Summary* (Tib., bsDud-pa; Skt. Prajnaparamitopadesha). 이것과 "구술 전통"이 1대 달라이 라마에 의해 여러 번 언급되었습니다. 사실 이것은 아마도 그런 구술 전통을 지칭하는 것은 아닐 것이고, *Prajnaparamita-pindartha* (Tib., Shes-phyin-man-ngag)로 알려진 책의 내용을 지칭하는 것일 겁니다.

32. 대열반경(大涅槃經), 대반열반경(大般涅槃經). *The Sutra of Buddha's Passing*; Tib., Mya-ngan-las-'das-pai-mdo; Skt., Maha-parinirvana-sutra.

33. 삼매왕경(三昧王經). *The King of Absorptions Sutra*; Tib., mDo-ting-'zin-rgyal-po; Skt., Samadhi-raja-sutra.

34. *The Immortal Drumbeat*; Tib., 'Chi-med-rnga-sgrai-gzungs. 이것은 Tengyur에 등재되어 있지만, 산스크리트 제목은 들어있지 않습니다.

35. 소반야바라밀다경(小般若波羅蜜多經). *The Condensed Perfection of Wisdom Sutra*; Tib., Phar-phyin-bsdus-pa; Skt., Paramita-samasa.

36. 석가모니 부처님 말씀 모음집 (*The Collected Sayings of the Buddha*,

Tib., 'Ched-du-brjod-pai-tshoms; Skt., Udanavarga)에서 The Sayings on Mindfulness.

37. Devaputra: 네 가지 주요 maras, 즉 해로운 영들 중에 하나.

38. 대승사법경(大乘四法經), 불설보살수행사법경(佛說菩薩修行四法經), 사법경(四法經). *The Sutra Revealing the Four Dharmas*; Tib., Chos-bshi-bstan-pai-mdo; Skt., Caturdharmaka-sutra.

39. 업(karma)의 이러한 측면과 업의 열매는 Herbert V. Guenther가 번역한 *The Jewel Ornament of Liberation* (London: Rider & Co., 1959), 페이지 74-83에 자세히 다뤄져 있습니다.

40. *The Ornament of Mahayana Sutras*; Tib., mDo-sde-rgyan; Skt., Mahayana-sutra-alamkara.

 또한 *Sutra on the Perfection of Wisdom*, Tib., Phar-pyin-gi-mdo; Skt., Prajnaparamita-sutra. 이것은 아마도 800 줄 버전을 지칭하는 것일 겁니다. 이 범주에는 사실 42 sutra(경전)들이 있습니다. 세 가지가 가장 중요한데, 100,000, 25,000, 8,000 줄 버전입니다. 이들 세 가지 중의 마지막이 가장 자주 인용됩니다. 42개로 구성된 세트 속에 있는 대부분의 다른 글들과 마찬가지로 이들 "지혜" 경전 세 가지 모두를 고 Edward Conze가 영어로 번역했습니다. *The Large Sutra on Perfect Wisdom* (Berkeley: University of California Press, 1975), *The Short Prajnaparamita Texts* (London: Luzac, 1973), 그리고 기타 것들을 참조하십시오.

41. 여기서 "등등"은 섬세한 무상(無常, impermanence, 비영구성), 비아적 본성(non-self-nature) 등등과 같은 존재의 변형되는 본성에 대한 여러 종류의 명상을 지칭합니다.

42. 금강살타(Vajrasattva) 명상은 Brian Beresford가 번역하고 편집한 *Mahayana Purification* (Dharamsala: Library of Tibetan Works and Archives, 1980)에 자세하게 설명되어있습니다.

43. *The Sutra Requested by Subahu*; Tib., dPung-bzang-gis-zhus-bai-mdo; Skt., Subahu-pariprccha-tantra.

44. 사백론(四百論). *The Four Hundred Verses*; Tib., bZhi-brgya-pa; Skt., Catuhshataka-shastra. 아리야데바 (제바提婆) 작품.

45. 대승집보살학론(大乘集菩薩學論). *Compendium of Bodhisattva Trainings*; Tib., bsLab-pa-kun-btus; Skt., Shiksha-samucchaya.

46. *The Sutra of Unfading Wisdom*; Tib., bLo-gros-mi-zad-pai-mdo; Skt., Arya-aksayamati-nirdesha.

47. *Sutra of the Sacred Mountain*; Tib., gYak-rii-mdo. 저는 Kangyur 목록에서 이를 찾지 못했습니다.

48. 입중론(入中論). *A Guide to the Middle View*; Tib., dBu-ma-la-'jug-pa; Skt., Madhyamaka-avatara.

49. 즉, brahmaviharas(四無量心)중에 네 번째.

50. *A Letter to a Disciple*; Tib., sLob-sbring; Skt., Shisyalekha.

51. *Verses Tuned to the Naga King's Drum*; Tib., kLui-gyal-po-rnga-sgrai-tshigs-bcad; Skt., Arya-sagaranagaraja.

52. 보행왕정론(寶行王正論). *A Precious Garland*; Tib., Rin-chen-phreng-ba; Skt., Ratnavali.

53. 현광장엄론(現觀莊嚴論). *The Ornament of Clear Realizations*; Tib., dNgon-rtogs-rgyan; Skt., Abhisamaya-alamkara.

54. 광석보제심론(廣釋菩提心論). *The Stages of Meditations*; Tib., sGom-rim; Skt., Bhavana-krama.

55. 그의 이야기는 'Jam-dbyangs-blo-gter-dbang-po가 티베트어로 the Library of Tibetan Works and Archives (Dharamsala: 1980)에서 출판한 *Jataka* 모음집 sKyes-rab-brgya-bcu-pa에 들어있습니다. 수백 개의 불교 Jataka 이야기들, 즉 석가모니 부처님의 이전 생들의 이야기가 들어있습니다. 각각의 이야기는 그가 과거의 특정 단계에서 어떤 특정한 영적 교훈을 어떤 식으로 얻게 되었는지를 보여줍니다.

56. 이 시는 Shantideva의 *Bodhicharyavatara*(입보리행론入菩提行論)에서 인용했습니다.

57. *The Sutra Required by Subahu*; Tib., dPung-bzang-gis-zhus-bai-mdo; Skt., Subahu-pariprccha-tantra.

58. Tib., dBu-ma-lta-'khrid.

59. Tib., bar-do. 죽음과 환생 사이의 상태. 중유(中有), 중음(中陰).

60. 네 가지 대항력. 이들은 "부정적인 업의 마음 정화하기(Purifying the Mind of Negative Karma)" 부분에 설명되어 있습니다.

61. dzo는 황소와 여성 야크(dri)를 교배한 큰 동물입니다. 간단히 말하면, 우리 자신이 지고 싶어 하지 않은 짐을 다른 이에게 싣지 말라는 이야기입니다.

■ 참고문헌

Batchelor, Stephen. *The Tibet Guide*. London: Wisdom Publications, 1987.

The Blue Annals. Translated by George Roerich. Calcutta: The Royal Asiatic Society, 1949. 청사(青史, 뎁테르곤뽀).

Bridging the Sutras and Tantras: Selected Works of the Dalai Lama I. Compiled, edited and translated by Glenn H. Mullin. Ithaca, New York: Snow Lion Publications, 1981.

Essence of Refined Gold: Selected Works of the Dalai Lama III. Compiled, edited and translated by Glenn H. Mullin. Ithaca, New York: Snow Lion Publications, 1982.

Gyatso, Geshe Kelsang. *Universal Compassion*. London: Tharpa Publications, 1988.

Mahayana Purification. Translated and edited by Brian Beresford. Dharamsala: Library of Tibetan Works and Archives, 1980.

Nagarjuna's Letter: Nagarjuna's 'Letter to a Friend' with a Commentary by the Venerable Rendawa, Zhon-nu Lo-dro. Translated by Geshe Lobsang Tharchin and Artemus B. Engle. Dharamsala: Library of Tibetan Works and Archives, 1979.

Path of the Bodhisattva Warrior: The Life and Teachings of the Thirteenth Dalai Lama. Translated by Glenn H. Mullin. Ithaca, New York: Snow Lion Publications, 1988.

Rabten, Geshe and Geshe Ngawang Dhargyey. *Advice from a Spiritual Friend*. Translated by Gonzar Tulku and Brian Beresford. New Delhi: Wisdom Publications, 1977.

Shantideva. *A Guide to the Bodhisattva's Way of Life*. Translated by Stephen Batchelor. Dharamsala: Library of Tibetan Works and Archives, 1981.

Songs of Spiritual Change: Selected Works of the Dalai Lama VII. Compiled, edited and translated by Glenn H. Mullin. Ithaca, New York: Snow Lion Publications, 1982.

The Tibetan Dhammapada. Translated by Gareth Sparham. New Delhi: Mahayana Publications, 1983.

Wallace, B. Alan. *A Passage from Solitude: Training the Mind in a Life Embracing the World*. Edited by Zara Houshm. Ithaca, New York: Snow Lion Publications, 1992.

■ 인물 한자명 목록

Nagarjuna (150-250 CE) 용수(龍樹).

Aryadeva (3세기) 성천(聖天).

Shantideva (685-763) 적천(寂天), 여동적천조사(如同寂天祖师).

Kamalasila (740-795) 연화계(蓮華戒).

Dharmaraksita (10세기) 법호대사(法护大师), 축법호대사(竺法護大師), 작자시법호대사(的作者是法护大师).

Serlingpa (10세기) 금주대사(金洲大师), 영외일위시금주대사(另外一位是金洲大师).

Atisha (980-1054), 아티샤, Atisha Dīpaṃkara Śrījñāna, 아저협(阿底峽), 연등길상지(燃燈吉祥智).

Drom Tonpa (1004/1005-1064) 중돈파(仲敦巴), 전수여충돈파(传授予种敦巴).

Togme Zangpo (1245-1369), 걜쎼 똑메 쌍뽀, Tokmey Zangpo, 토미인파절(土美仁波切).

Longchenpa (1308-1364) 롱첸빠(롱첸랍잡) Longchenpa Rabjam, 혹용흠요강(或龙钦绕降).

Geshe Langri Tangpa (1054-1123) 급랑일당파(及朗日塘巴)

Geshe Chekawa (1102-1176) 가철무저존자(加哲无著尊者)

Khenpo Kunzang Pelden (1872-1943) 켄뽀 꾼상 빨덴, 감포곤상(堪布昆桑), 백등(白登).

Kyabje Trijang Dorje Chang 득자은사적강김강지(得自恩师赤江金刚持).